言葉ひとつで「儲け」は10倍!

思わず脳が反応する〝販売心理学〟

Takashi Iwanami
岩波貴士

青春出版社

はじめに

お客様が人間である以上、その判断に影響を与える「言葉」の知恵を学ぶことは極めて重要です。よい商品があり、販売ルートを確保していても購入につながる「言葉のかけ方」を知らなければ利益を出すことはできないからです。

ビジネスを円滑に進めるには「一歩踏み出す勇気」と同様に「一声かける言葉の知恵」を持つことが重要です。集客も営業も、差がつくのは同じように「言葉のかけ方」だからです。

幸い人間には「言葉を選ぶことができる」という権利が与えられています。この無料で使える大特権を最大限に活用することがビジネスを成功させる秘訣です。

本書のタイトルには『言葉ひとつで「儲け」は10倍！』という極めて謙虚な表現を使いましたが、本書のなかから一生使える言葉が1つでも見つかれば「あなた」はこの本に投資した金額の10倍はおろか、数千倍、数万倍ものリターンを手にすることも夢ではありません。

あなたにとっての生涯の宝「販売心理学の知恵」を手にする瞬間、それが正に「今」なのです。

「日本アイデア作家協会」代表 岩波貴士

言葉ひとつで「儲け」は10倍！◆目　次

目　次

2章 広告・チラシ・ポップ パッと目にとまる言葉の仕掛け　75

3章 セールス文章 惹きこんで購入させる話の展開

DTP・図版　ハッシィ

序章

相手の脳がYESと反応する〝販売心理学〟って何？

商品を購入するか否かの判断は、論理以上に「買いたい気分」に至ったかが大きな理由になります。ここでは販売に携わる人間が知っておくべき心理の基礎をお伝えいたします。

お客様に「買わせる」ではなく、お客様に「合わせる」

相手にこちらの意図した通りのアクションを起こさせるには、まず、こちらの存在を受け入れてもらえるよう、相手の心をふり向かせる必要があります。これなしには、いくら情報を提供しても無意味に終わります。

人の脳は外からの情報に対し「警戒の姿勢」をとるように働いています。誘いかけに対する脳の基本的反応は、その名の通り「ＮＯ」なのです。そのため、警戒を解き、**興味を抱かせるためには「買わせよう」ではなく、まずは「合わせよう」と考えることが大切**です。

つまり購入を呼びかける前段階として、まず、**①認識させ、②共感を得る**ことが必要になります。初対面の人を相手にする場合も、話の内容以前にこちらに対する「好き嫌い」の感情が優先されるものです。安心感を与え「好き」の部類に選別されなければ、話を聞いてもらうことさえ難しいものです。

好感をもたれることが購入につながる

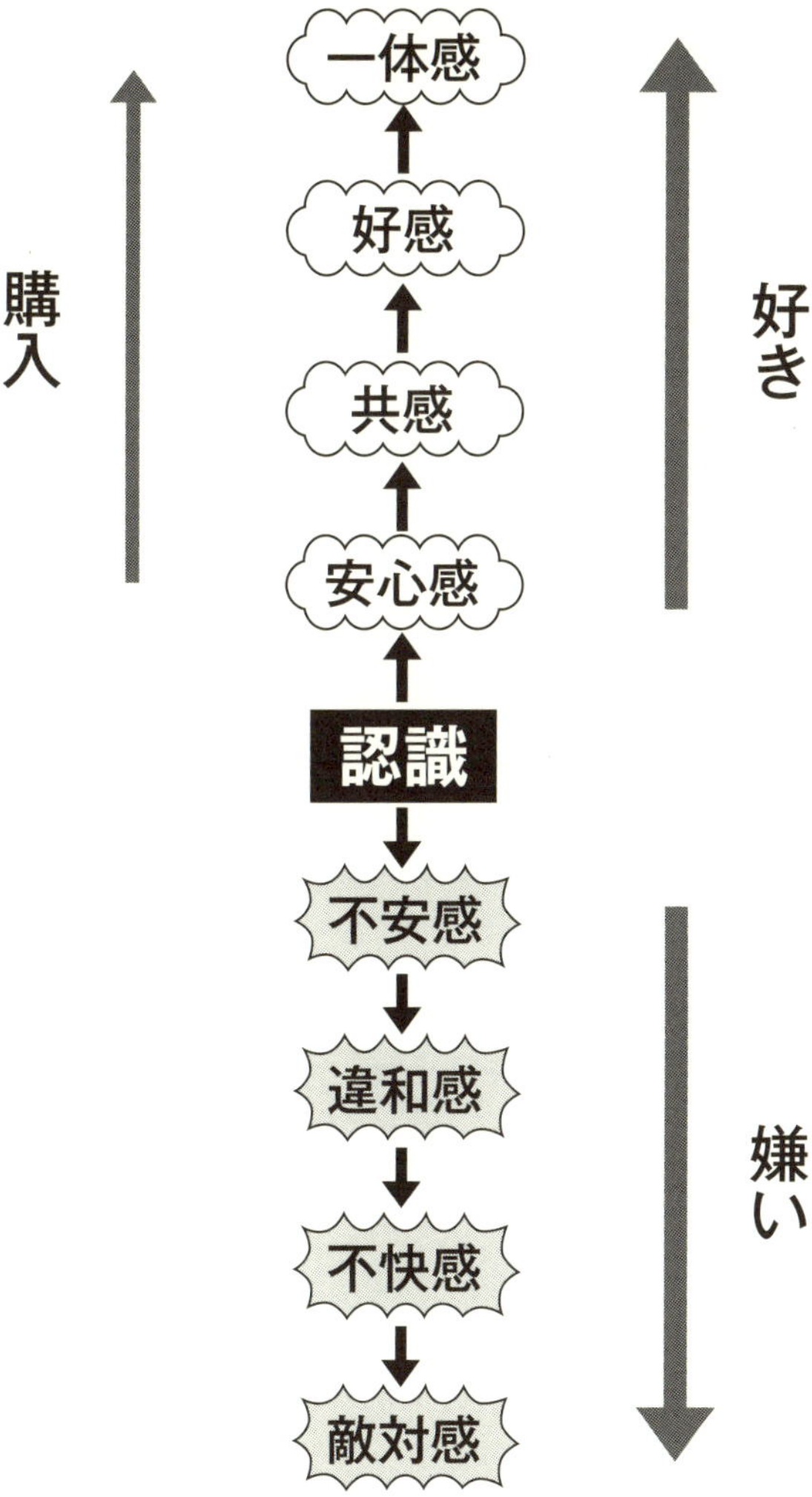

本書でいう**販売心理学とは、お客様を購入決断に至らせるための心理学**であり、本来の意味からすれば「購買心理学」と呼ぶべきものです。

「どう伝えるか」ではなく「どう感じさせたいか」

一般に、「どういう表現にすれば人は動くか」を考える場合、情報をどう与えるかに注目しがちです。

しかしながら、人の心理を直接動かすものは、外から与えられた「外発的情報」ではなく、外から与えられた情報によって、心の内側から発せられる**「内発的情報（感情変化）」**なのです。

つまり、こちらが提供する情報は、相手の心に感情変化を引き起こすための「信号」にすぎないと考えるべきです。

人生論の名言に「人生とはその人に何があったかではなく、それをどう感じたかである」という言葉がありますが、情報を提供する際も**「どう伝えるか」ではなく「どう感じさせたいか」**の視点に立つことが大切です。

人を動かすには「伝える順序」が重要なワケ

情報には、キャッチコピーや会話のなかで使われるフレーズのような「単発の情報」のほか、長文のセールスレターのように「順序立てが必要な情報」があります。

また、順序立てが必要な情報のなかにも、信頼を勝ち取るために長い期間を要するものもあれば、カルト教団が用いるような洗脳的な手法も存在します。

順序立てが必要な情報は、その言葉通り「情報を送る順序」が重要な意味をもちます。なぜなら、人間には次の重大な心理が働いているからです。

「先に得た情報は、後から得る情報の解釈に影響を与える」

コンピュータに例えればプログラミングの順序といってもよいでしょう。脳は一種のコンピュータのようなものだからです。

感情に変化を与えるためには、**相手に与えたい感情変化ごとに、必要な情報を必要な順序で提供する**必要があります。これはちょうど、感情を扱う音楽業界において、イントロからサビに至るまでのメロディーラインづくりに一定の法則があるのと同じです。

販売に携わるのであれば、効果的なキーフレーズを学ぶほか、順序立てが必要な情報の提示方法も学ぶ必要があります。

そのため次章以降では、単純なフレーズでありながら、覚えておくだけで差のつく便利な「営業フレーズ」や「キャッチコピー」を紹介するほか、一定の順序立てが効果に影響を及ぼす「販売文章の展開方法」についても、コンパクトな解説を加えながら紹介していきます。

1章

営業トーク
思わず買ってしまう言葉づかいの法則

絶妙なタイミングで適切な言葉をかけることができれば、販売や営業はスムーズに進むものです。本章では単純でありながら差のつく「言葉のかけ方」の例をご紹介いたします。

すべての営業は最終目的までの「お膳立て」である

「この洞窟にテレビカメラが入るのは世界初の快挙。ご覧ください！」

これはテレビ番組でよく使われる紹介の仕方ですが、前半の説明は「ご覧ください」の最終指示への反応を格段に高めるものです。つまり、何らかの指示を出す場合、指示の前に使う「お膳立ての言葉」の質によって反応率は変わるということです。

営業の場合「最後にだす指示」は「こちらにサインをお願いいたします」であり、広告においては「今すぐこちらにお電話を」や「お申込みはこちら」になります。営業活動はすべて、この**「最後の指示」に対し、狙い通り「ＹＥＳ」の反応をしていただくための段取り**のことです。

そのためには、どのような情報の提示の仕方をすれば、人間は「ＹＥＳ」の反応をしやすくなるかを理解する必要があります。

つまり、営業においては契約に至るまでのお膳立てとしての情報の提示の仕方・話し方を意識することが重要なのです。

儲けのヒント **「YES」につながる「お膳立て」に頭を使う**

思わず追加で購入してしまうクロスセルの技術

お客様から「これください」といわれた場合、必ず次のように切り返しましょう。

「1つでいいですか?」

また、次のような言葉を添えることで「2個のお買い上げ」につながりやすくなります。

「予備もあると助かりますよ」

「家用と通勤用2つあると便利ですよ」

バリエーションを考えれば、おみやげなどの場合なら**「ご自分の分は大丈夫ですか?」**も有効ですし、子ども2人を連れているお客様なら**「兄弟喧嘩しないように2つどうでしょう?」**も説得力があります。

また、ぬいぐるみなどの商品なら、生き物であるかのようにイメージさせることで、1個のはずが2個売れるように話を進めることができます。

「1匹だと可哀そうじゃないですか?」

「仲良く2匹ペアではどうでしょう?」

さらに強力な言葉をお探しなら……**「めったに来られないなら、まとめていかがでしょ**

う？」という「スゴイ言葉」もありますので、ぜひ使ってみましょう。(笑)

これらは、ハンバーガーを注文したお客様に「ポテトもいかがですか？」と尋ねるクロスセル（追加営業）の応用版といえます。

「延長いたしますか？」や**「お代りはいかがですか？」「次回も日曜日のご予約でよろしいですか？」「ご一緒にこちらの商品もいかがですか？」**などへの「ハイ」の返事は、2度目のクロージング（取引締結）に成功したことを意味する最も価値のある返事であることを意識しなければなりません。しかも、この2度目のクロージングの言葉は1度目のクロージングに比べ、はるかに心理的な抵抗もなく問いかけることができ、しかも、それでいて「ハイ」を得やすい場面なのです。

「あのタイミングで、あんなふうに囁かれたら断れないよ……」そのように過去に感じた場面を想像し、自身が今携わる仕事に応用してみることです。

「絶妙のタイミング」を研究することは、経費をかけずに売上げをのばすことにつながる、価値のある「具体的なテーマ」です。ミーティングをする際は、営業中に上手くいった「言葉がけのタイミングとその内容」を伝えあい、スタッフがそれらの知識を共有すること、仕組み化することも重要です。

儲けのヒント 快く「2つ買っていただく」ための言葉をかける

ビジネスにおいて重要なのは「立場の形成」である

お客様との対話の仕方に悩む前に、お客様にどのようなスタンスで接するべきかをまず考えるべきです。いい換えれば**「話を優位に展開するための方法」を検討せよ**ということです。

そのためには、**こちらに優位な立場で話を進められるよう「お客様の立場を理解させる」**ことが重要になります。例えば、私が以前、金融会社に勤めていた際、お客様には初めの段階で、必ず次の言葉を投げかけていました。

「本日はご融資の件で、ご相談に来られたということですね」

つまり、**この問いかけに「ハイ」と答えれば、暗黙のうちに「相談に来た立場」だということをお客様に理解させる**ことができます。そのため、その後の私の立場は、悩んでいる人間の相談相手という**「対等かそれ以上の立場」を取得できる**ことになります。

なぜ、この確認行為が重要かといえば、一般に消費者は企業に対して、自分のことを「お客様」であるという意識でいます。そのため、この確認をしておかないと、なかには融資の審査をかける前から横柄な態度で接してくるお客様もいるからです。

ビジネスにおいて、話を進めやすくなるか否かは、相手のもつ「立場の認識」が大きく関係しています。ですから**「こちらの立場を優位に保つためにはどうすればいいか」**という点に頭を使うべきなのです。「ご相談に来られたということですね」という表現は多くの業界で利用できるフレーズです。

儲けのヒント　**優位な立場の形成がビジネスをスムーズにする**

優位な立場を保つための「相づち」の工夫

営業マンは、相づちとして「ハイ」は多様すべきではありません。一般に返事は「ハイ」と答えよと教育されてきたと思いますが、しかし、この**「ハイ」という返事には「理解した」という意味の他に、相手に対する「服従」や上下関係における「下の立場」を形成させる働きがある**のです。

そのため、話をリードしなければならない立場にいる営業マンが、話の合間に「ハイ」を連発していると、いつの間にか相手に従う立場が形成されてしまい、話をリードすることが困難になってしまいます。

つまり、クロージングを極めて難しくしてしまうことなります。営業マンは「ハイ」という相づちは極力避けるべきなのです。

では、営業マンは、どのような相づちをすればいいのでしょうか？
それは**「ええ」**という表現です。「ええ」の返事のなかには服従関係は成立しないのです。最後まで対等な立場で話を進めることができます。
「ええ、え〜え〜え〜」のようにつなげた後なら、「でしたらこちらの商品がピッタリだと思います。こちらの商品ですと……」という具合に、話をこちらペースで進めていきやすくなります。**私が電話営業での成績を急に伸ばせたキッカケも、実はこの「ええ」の相づちの発見だった**のです。

飲食店のなかには、お客様からの注文を得た際、返事に工夫を施しているところもあります。代表的な例としては、居酒屋「庄や」の**「ハイ！　よろこんで」**があげられます。「ハイ！　よろこんで」の返事は、お客様と従業員双方に、この店がどのような意識でお客様に接しているかを意識付けるすぐれた知恵です。

儲けのヒント　**「返事」や「相づち」の持つ立場の形成力を意識する**

信頼できるプロであることを間接的に伝えるフレーズとは？

私はお客様から悩みごとを相談された場合、すべての話を聞き終えた後、穏やかな口調で意識的に次の言葉をかけるようにしていました。

「実は最近、同じご相談を受けることがすごく多いんですよ」

実際によく受ける質問の場合に限りますが、この返答をすることで、**お客様に「このことで悩んでいるのは自分だけではないんだ」「この人は、これまでにいくつも同じ案件をこなしてきたプロなんだ」という安心感や信頼感を与える**ことができます。

悩みを抱えた人間はみな「孤独」です。この「自分だけ」という孤独感を取り除く返答が「実は最近、同じご相談を受けることがすごく多いんですよ」という言葉なのです。

この言葉の投げかけによって「同じことで大勢の人が悩んでいるのだ」と理解していただき、悩みに対して冷静に向き合える心理状態を作ることが先決です。

冷静さを取り戻すことにより、堂々巡りの漠然とした状態であった「悩み」を、客観的に解決策を考え出すことのできる「課題」へと昇格させることができるのです。

儲けのヒント　**孤独感を取り除く言葉が信頼感を生む**

「ラッキーの演出」でお客様を喜ばせる

「よかったですね！　すぐに買えますよ」……このような言葉を投げかけられた場合、なんとなく買えることがラッキーに思え、購入への抵抗が薄れるものです。

名著マイケル・E・ガーバーの『はじめの一歩を踏み出そう』（世界文化社）のなかにも、

来店したお客様に喜んでもらうためのユニークな対話法が書かれていました。

そこには、来店したお客様に「当店のご利用は初めてですか？」と質問し、相手の返事が「イエス」でも「ノー」でも「それはよかった！」で切り返し、その後の言葉を考えるというものでした。

「それはよかった！　初めてのお客様にだけ、特別に～」
「それはよかった！　よく利用されるお客様にだけ、特別に～」

ラッキーの演出は、対面営業のさりげない言葉にも利用できるものです。

「あ～よかった！　今ちょうど1つ席が空いたところです」
「あ～よかった！　今ならギリギリ間に合います」
「あ～よかった！　この色だけ在庫が1つありました」

また各部屋のなかに、次のような言葉を掲げることで、お役様を喜ばせることができます。

「この部屋は、当店で一番人気のある部屋です」
「この部屋は、当店で一番眺めのよい部屋です」
「この部屋は、当店で一番静かな部屋です」

儲けのヒント　**ラッキーの演出で快く財布を開かせる**

ライバル店の努力を横取りする、お客様への「すごい呼びかけ」

以前、インターネット書店で、古本を購入しましたところ、古本の出品者から送られてきた本の間に、とても興味深いチラシが同封されていました。そこには次のような、大変頭脳的な「呼びかけ」が記載されていました。

「大手古書店の見積書があれば、その〝5割増〟の金額で買い取ります」

これは「他社のつけた見積額を基準に査定を下す経費節約のアイデア」と呼べるものです。

大手の古書店は、人件費などの経費がかさむため、1冊1冊の査定もかなり厳しくなるものです。これに対し、個人で細かく転売を行っている業者は、経費をさほど掛けていないぶん、大手の見積額より5割増で購入しても、大手が付けたもともとの値付けがかなり安いため、利益はきっちり出せるわけです。

また、初めから個人で1冊1冊値付けを行うより、すでに**大手が値付けた額の5割増と明示すれば、細かく1冊1冊値付けをする手間も省ける**というわけです。

手間のかかる作業をライバル店にさせ、美味しいところだけいただくという、他社の努力を横取りするスゴイ呼びかけが、この「他店の見積書をお持ちいただければ」式の営業なのです。

また、ライバル店からお客様を引き離すために、実際に行われていた「スゴイ呼びかけ」

に次のような言葉がありました。

・「ライバル店の会員証をお見せ下さったお客様は10％ＯＦＦ」（カラオケ店）
・「ライバル店の会員証５００円で買い取ります」（クリーニング店）

儲けのヒント　**お客様を「ライバル店から引き離す言葉」を考える**

相手の警戒心を解きスムーズに入り込むためのひと言

知らない人からのアプローチには誰でも警戒するものです。そのため、相手とスムーズにコンタクトをとるためには、この警戒する人間心理を解く必要があります。警戒心を解くための方法としては、初めての対話で次のフレーズを使えるよう、段取りを組むことが最も効果的な方法といえます。

「○○さんからご紹介を受けました○○と申します」

このフレーズを使えるようにするために段取りを組む努力は、私が知っている営業上の段取りのなかでも、最も価値のあるものの1つです。

紹介を介在させることの凄さは、紹介してくれた人物の信用に、こちらが相乗りできるところにあります。いい換えれば、**紹介してくれた人物の影響力をそのまま自分が利用することができる**ということです。しかも、相手はそれ以降、自分のことを紹介した人間のグループとして記憶の引き出しに入れてくれるのです。

紹介していただくための努力には、契約を締結するための苦労を半減させるほどの価値があるものです。どの業界の人間も「紹介を受けるための段取り」を研究すべきです。

儲けのヒント　紹介をはさむことで警戒心を取り除く

〝お客様〟になる人だけを確実に集めるテクニック

もし**「手相に興味はありますか？」**という誘い方をし、それに「イエス」と答えた人間だけを集めれば、それは、**話の持っていき方次第では根拠の乏しい話でも信じさせることのできる人間だけを集めることに成功した**といえます。

また、**ギャンブル雑誌に広告を載せ「金も女も思いのままにできる幸運のペンダント」**を売り出した場合、そのペンダントを購入した人のリストは、**自分の欲求をコントロールするのが苦手なタイプの人間だけを集めたリスト**といってほぼ間違いないでしょう。

例えはよくありませんでしたが、これは怪しげな団体が「騙しやすい人」を集めるために利用する定番のノウハウです。つまり、**誘う言葉に「人のタイプを選別する内容」を使うことで、脈のまったくない相手を除外でき、効率的に仕事を進めることができる**という例えです。

実用的な話に当てはめれば、多くの営業マンは面談相手や電話相手に対し、まず最初の段階で、次のようなフレーズを投げかけることで仕事の効率を高めることができます。

「○○についての情報ですが、知りたくはないですか？」

対話の調子によっては **「○○についてのお話ですが、ご興味はありますか？」** と直接的に尋ねてもかまいません。

この「知りたくはないですか？」の質問で、「YES」と答えたのであれば積極的に営業をかけ、まったく脈のない相手からは早めに切り上げることができるようになります。

もし仮に「ノー」だったとしても、返答の雰囲気から「イエス」にもっていけそうな相手であれば、力を入れればよいわけです。

同じような考え方で、仕事がしやすい相手だけを集める工夫もあります。

例えば、こちらの仕事のスタイルや専門分野をホームページなどで明示しておくなどの工夫です。つまり、このように表示しておくことで方針に対し理解を示したお客様だけを相手にすることができ、説明の時間を大幅に節約できるというわけです。

応用例としては、ステップメールなどを利用し、自動で必要とする基礎知識を学んでいただいた方だけをお客様にするなどの方法があげられます。

心理学では**「親近感は接触回数に比例する」**とされますが、初めの接触をステップメールなどを利用することで、あたかも何度か会っているような心理状態を自動で作ることができるというわけです。

このように**教育的意味のある接触をメールなどで「複数回」行った後の実際の接触はとてもスムーズになる**ものです。

儲けのヒント　欲求レベルを知る質問、親近感を高める接触法を使う

相手を怒らせてしまっても「このひと言」で流れは元に戻る

相手がこちらの話の意味を取り違えて激怒してしまったような場合、叫ぶように次のフレーズを投げかけるだけで、話の流れを修正することができます。そのフレーズとは……

「そこなんです！　一見よくない話のように聞こえるじゃないですか！」

重要なのは、初めの**「そこなんです！」**の一言。これで、相手が怒っているポイントを正当で的確なものであると指摘したことになり、その後の「一見よくない話のように聞こえるじゃないですか！」を、抵抗なく受け入れてもらうことができるようになります。

このフレーズには**「あなたの考えはもっともです」と相手を肯定し、しかも「実は本来の意味は別なのだ」ということを瞬間的に理解させ相手をクールダウンさせる**効果があるのです。

その後**「その部分をどう説明すれば、わかってもらえるかが、悩む部分なんです」**とつなげます。

すると相手は「本来はどのような意味なのかね？」と、聞く耳を持つようになり、話を元の冷静な状態に戻すことができるというわけです。

儲けのヒント

「そこなんです！」のツッコミで流れは元に戻せる

角の立たない「うまい否定」の仕方

また、話の最中、相手の意見をどうしても否定しなければならない場合、次のような切り返し方を用いることで、相手を不機嫌にさせずに済みます。

「そうですよね、私もそう思ってたんです。だって○○ですからね。ただ、以前……」

要は、開口一番に「そうなんです」で切り出し、相手の意見を肯定したうえで間違いを伝える形にするのです。

①「そうですよね」で、全面的に肯定し、自分もそう思っていたことを示す。
②「だって○○ですからね」で、そのように思うことが当然である理由を示す。
③「ただ、以前……」で、過去の自分の失敗談を話す。

この流れで説明すると、親切心によるアドバイスとして、間接的に相手の意見の誤りを伝えることができます。事実、誤りを指摘することは、本来ありがたいことのはずです。しかし相手の意見を否定する場合は、伝え方に細心の注意が必要です。

儲けのヒント **否定ではなく「アドバイス」の姿勢で伝える**

アイデアを盗んでも恨まれない方法

相手が、もったいぶった口調で「仕事のアイデア」を語った場合、次の**「頭脳的感想」を述べることで、そのアイデアを恨まれることなく盗用することができる**ようになります。
相手がすべていい終えるまでじっとこらえ、うやうやしく次のように答えてみましょう。

「実はこの業界の人間、みんな同じことを考えてるんですョ…」

つまり、あなただけではなく、この業界に身を置く人間の多くが同じことを考えているのだと伝えるわけです。いわば**「後だしジャンケン」式の言葉のトリック作戦**です。
また、この返答の仕方は、自分の考えたアイデアを「教えてやろう」といった上から目線の相手を、調子に乗せないための方法としても有効です。(笑)
この場合「自分も同じことを考えていた」と答えたなら、いかにも今聞いた話を盗んだような印象を相手に与えてしまいます。そのため「この業界の人間」と第三者を引き合いに出しながら答えることが信憑性を高めます。バリエーションを持たせるなら次のような返答もよいでしょう。

「実はうちの社長も、まったく同じことを先月のミーティングで話してたんですョ…」

儲けのヒント 盗まれたくないアイデアは決して公言してはいけない

円滑な対人関係を保つために心がけるべき3つのこと

取引先との対人関係を円滑に保ちたいと考えるのであれば、相手に対して次の3つのことを連想してみることです。

1. 相手にも家族がいること

2. 相手にも歩んできた歴史があること

3. 相手にも断る権利があること

特に年下の相手と接する際に意識すべきことですが、大切に育ててくれたであろう親や、愛する家族の存在を連想してみるだけでも、横柄な接し方や失礼な対応はできなくなるはずです。人に接する際は、その人の家族やこれまでの歴史の存在を意識することです。

また、**相手には「義務のないことは断る権利があること」を意識すべき**です。やたらに権利を主張する人間がたまにいますが、権利とは相手の義務が存在する際に主張できる性質のものです。義務のないことの要求には、断る権利があることを、先に意識すべきです。

また、久しぶりに会う相手と会う前には、次の3つのことを思い出すようにすべきです。

1. 謝ることはなかったか？
2. お礼をいうことはなかったか？
3. （病気など）気づかうことはなかったか？

「この前は終電に間に合いましたか？」などと気づかう言葉を発するだけで、その後の話はスムーズになるものです。

人づき合いが苦手だと悩む人は、実は単に「他人に興味がないだけ」という理由によるところが多いようです。ところが、**他人の行動を観察し何かを発見しようとすることは、自身の思考の幅を広げることにもなる**のです。

また、久しぶりに誰かと会った場合は、「お久しぶりです、岩波です」といったように、**自分の名をまず「名のる」ことを習慣化すべき**です。相手が名前を思い出せずに困るということを防ぐためのです。

儲けのヒント **人と接するときは「相手を支えるもの」を感じとる**

この「問いかけ」で達人の知恵を学びとる

経験によってつちかった「勘《かん》」はとても価値のあるものです。しかし勘の問題点は法則と異なり再現性がないことです。つまり、他人に伝承することが難しいのです。勘で成功してきたような人から、いかにそのノウハウを伝え残させるかを考える必要があります。その人間が抜けたとたん業績が傾くようでは経営上困るわけです。

本人も意識していないようなノウハウを教えていただくためには、次のような「投げかけの言葉」を準備しておくことが大切です。私はこの問いかけで、優秀な先輩たちからいくつも営業上のノウハウを教えていただきました。

「他の人より〝ここに気を使っている〟というところがあればそれは何ですか？」
「お客さんの発言や話の流れの〝どこに注目〟していますか？」
「（場面ごと）使えば話の展開がよくなる〝お気に入りのいい回し〟はありますか？」

成績のいい営業マンは必ずといっていいほど「お気に入りのいい回し」を持っているものです。たとえ話や切り返しの言葉、相手がすんなりと納得してしまう理由付け、絶妙なタイミングでのリアクションの言葉などがそれです。

もちろん、そのいい回しを生かすも殺すも、それを用いる人のキャラクターにもよりますが、自分なりのいい回しを確立する参考になるものです。

「営業成績は概ねその人なりの言葉の展開を確立できているか」で決まるものだということを意識すべきです。

儲けのヒント **学ぶためには「的確な質問」を用意しておくことが大切**

思わぬ大物とお近づきになれる言葉のかけ方

その業界で力のある有名人に近づくために効果的な「言葉のかけ方」があります。

いわれてみれば当然のことなのですが、意外と意識されていない「人脈構築上の知恵」でもあります。意中の相手にメールをするときは、次の言葉で話をスタートさせましょう。

「先生の○○を利用させていただいております○○と申します」

見ず知らずの人間が相手に近づく最も自然な方法は、相手の「お客様になること」です。「お客様だから」という理由付けほど相手に接近しやすい根拠はありません。

また、**相手に対して「好意的な質問」を投げかけることも、相手に好印象をあたえつつ、出合いのきっかけをつくる方法の1つ**です。例えば、相手がブログを利用している人であれば、次のような言葉をかけてみることです。

「いつも使える情報をご提供くださり感謝の気持ちで一杯です。更新されるたび仕事に応用できないかと検討させていただいております。実は記事のなかで1点不明な点ございましたので、メールをさせていただきました」

質問は性質上、相手からの回答が伴うものですから、コミュニケーションをとるきっかけとして「好意の伴った質問の投げかけ」は最も利用しやすい方法の1つなのです。

儲けのヒント 人間は好評価をしてくれた相手に心を開きやすい

「告知をお願いします」ではなく「ご自由にお使いいただけます」

お願いは相手にメリットを感じさせにくいものです。**相手に何か協力してもらいたい場合は、極力相手にメリットがあるような表現を用いる**べきです。

例えば、ブログやメールマガジンで告知をしてもらいたいのであれば、「告知をお願いしたいのですが」という表現で誘うより、むしろ……

「著作権の心配をすることなく自由にお使いいただける、多くの方に喜ばれそうな記事をつくりました。ブログの更新ネタに困った日など、ぜひご活用ください」

このように「自由に使える喜ばれる文章のプレゼント」のような形で連絡を入れたほうが、よほど有難く思えるものです。その際の工夫としては、記事のなかに自分のためのメッセージだけを入れるのではなく、関連した情報も混ぜて「お役立ち情報集」の形で記事を提供することで、相手はより自然な形の記事としてブログなどに掲載しやすくなります。

この**「そのまま使えるお役立ち情報集」のプレゼント作戦は、こちらのホームページへ外部リンクを貼っていただくことにもなるため、SEO対策上もプラス**になります。

儲けのヒント

相手にメリットの伝わるお願いの仕方を考える

営業はすべて最後に「この言葉」を口にするためにある

物事はすべて「何のための行動であるか」を理解することが重要です。すべての行為は方向が明確に見えていれば、大きく道を外すことはなくなります。

お客様を相手にする場合も「話の方向」を理解できていれば、お客様にかける言葉で大きく失敗することはなくなるものです。

つまり、**お客様にかけるべき「最後の言葉」を決めておき、その言葉を発するために、中間の対話は存在しているの**だと意識していればよいのです。では、その最後に使うべき目標となる言葉とはいったいどのようなものでしょう。それは次のフレーズです。

「いいえ、どういたしまして」

すべての営業活動は、お客様にこの言葉を発するために存在しています。この理解があれば方向違いの発言をするといった失敗は「おのずと」なくなるものです。

本書で紹介している言葉のなかには、その言葉だけを見たなら「小手先の知恵」と映るものも多いかもしれません。しかし、この「いいえ、どういたしまして」につなげるために存在すると理解したとたん、すべての言葉が「工夫」や「配慮」なのだとわかるはずです。

「いいえ、どういたしまして」があまりにも綺麗すぎて、あなたのキャラクターに合わないということもあるでしょう。しかし、意味するものが同じであれば、フレーズは何であってもいいのです。**「いえいえ、こちらこそ……」**でも、**「あ〜いいんですよ、じゃ〜また何かありましたら……」**でもまったく構いません。

仕事においては感謝されることを目指さなければなりません。**料金だけ払い、感謝の言葉はなしといった取引は「料金以上の価値はなかった」とお客様が感じたと理解すべき**です。値段を超える「何か」を加えることで、お客様から感謝の言葉を得られるようまだまだ「改善する部分がある」という意味です。

双方が感謝しあえる関係になることを目指しましょう。相手からの感謝に対応するこちらからの感謝の言葉が「いいえ、どういたしまして」なのです。

これまで「どういたしまして」を意識していなかったのであれば、その**回数を意識する**だけで営業成績は上がります。

儲けのヒント　**仕事の方向の理解が「心のブレ」をなくさせる**

そんな言い方があったのか！お客様の心をつかむ営業トーク66

お客様がグッと引きこまれる一言

●「二人三脚で一緒に頑張りましょう」

相談される業務の場合**「私が最後まで担当します。では、二人三脚で一緒に頑張りましょう」**という励ましの言葉は、相手の孤独感を和らげる効果的なフレーズです。

●「本来ダメなのですが今回だけ特別に…」

「期限切れの割引券」などを提示してきた場合など「お客様の1度目のミス」に対しては、極力この言葉を返せるようにすべきです。もともと割引券は集客のためのものですから、わざわざ来てくださったお客様をガッカリさせてはいけません。常連客獲得のための配慮です。

●「よくうちの店、見つけられましたね」

広告費をさほどかけずに、常連客の存在だけで成り立っているような**「知る人ぞ知る通の店」**というスタイルで経営しているお店や企業も存在します。中身に自身のある企業やお店であれば、このフレーズを投げかけることでお客様を「目利き」であるとして喜ばせることができます。

●「同業の方も、よくお忍びで来るんです」

築地のお寿司屋さんなどでよく耳にするフレーズです。このフレーズは、一般のお客様を引き付けるキラーフレーズともいえるものです。口コミ効果もどんどん広がるフレーズですので、このフレーズが使えるような立派なお店を目指しましょう。

●「わざわざお越しいただいて～」

「わざわざお越しいただいて、どうもありがとうございます」「雨の中を、わざわざ来ていただきまして恐縮です」「わざわざお電話でお問い合わせいただきましたので、これぐらいのサービスは当然ですよ」……このように**「わざわざ」の言葉は、相手の足労に対し感謝の気持ちを伝える最適な言葉**です。「わざわざ」を加えるだけで心のこもった言葉になります。

●「奥さん！　10万円っていったら1万円の10倍ですよ」

トータルで10万円お得になるといった場合、その金額を協調するために、このような表現で「当たり前の計算式を告げる」のも効果的。その後「でしょ！」につなげます。

●「でしょ！」「ほら！」

上手くいった際は、この言葉で「共感」や「連帯感」を意識付けましょう。

●「よかったですね、大正解ですよ」

購入後、このフレーズを慈愛に満ちた表情で伝えましょう。お客様は安心します。

営業トーク㊙テクニック

●「安い方で十分ですよ！」

この言葉は店員さんへの信頼感を生む定番のフレーズです。また、**「私も使ってます！」**の一言は、商品への信頼感を伝える最強の営業フレーズです。

●「大人気なので在庫があるか確認します！」

在庫があるとわかっていてもこのように告げることで、お客様のハラハラドキドキという期待を高めることができます。これもお客様にラッキーを感じさせる演出の1つです。

●「一生に1回のことですからね！」

特に女性相手の商品の場合「一生の思い出づくり」に訴える作戦は効果があります。

●「こういうのって男の人好きじゃないですか！」

お客様が男性なら「こういうのって女の人好きじゃないですか！」というように異性を引き合いに出すことで、微妙なところで悩んでいるお客様を納得させることができます。お客様の感覚ではわかるはずのない「異性の感覚では正しい」ことにするわけです。

●「白と黒どちらをお好みですか?」

このようにどちらを選んでもお買い上げになる選択型の質問は、「買ってください」と意味は同じでありながらよほど尋ねやすいものです。このような「選択型の質問」は、判断の自由を与えているようで、**実はどちらの返事が返ってきてもお店側に「お買い上げ」という有利な結果になる**わけです。これは、**「YES」or「YES」の質問法**と呼ばれるものですが、営業上利用すべき基本的かつ重要な対話法です。

●「YES」「NO」で答えられない質問をする

人間は、自分が行動せざるをえない質問に対しては、反射的に「NO」と答えてしまいがちです。そのため、営業トークでは**「YES」や「NO」で答えられない質問を使う**ことが重要です。「今日は来店できますか?」と質問してしまうと、あれこれ理由を思い浮かべ「今日は都合が悪いな～」という展開になるものです。そのようにならないためには**「今日は何時までお仕事ですか?」**と尋ね**「では○○時にはお会いできますので準備しておきます」**とつなげます。これも基本的な対話法ですがとても重要な考え方です。

●キャバクラ嬢の秘密の対話術・その①

東京の某キャバクラ嬢は、お客様との「対話のネタ」に困らないよう、自分自身をある特異体質の持ち主だということにしています。その特異体質とは「霊感が強い」「金縛りによくあう」というものですが、霊の存在は誰からも立証できないわけですから、自分の話に突っ込みを入れられることなしに、延々と話し続けることができるというわけです。霊より怖いキャバクラ嬢の対話術でした。(笑)

●キャバクラ嬢の秘密の対話術・その②

優位な立場に立つための心理的作戦の1つに**「相手に先に〝ありがとう〟といわせる」**というものがあります。某キャバクラ嬢は、この心理を応用するため、お客様にバレないある「ウソの親切」を実践しています。そのウソとは**「服に付いた糸くずを取ってあげたふりをする」**というものです。「あら、背中に糸くずが……」と、ボディータッチとともに糸くずを取ってあげたふりをして、お客様から「ありがとう」を勝ち取っているのです。

●「学生時代スポーツは何をしてましたか?」

交渉上のテクニックの1つにも、**若いころを思い出させる質問をすることで親近感を高める**というものがあります。過去の記憶を思い出させることは、自己が存在していた事実を再認識させる効果があるため、よほど辛い過去を思い出すような場合を除き、思い出の再生にまつわる質問は脳にとって嬉しいことなのです。

●対話における「7対3」の法則

歳の離れた2人連れの女性客が来店した場合、若い女性のほうに多く対話時間を使ってはいけないというのが営業上の基本です。年配の女性に配慮することは、一緒にいる若い女性からも好感をもたれることになるため、年配の女性と多く話すようにすれば、結果として両者から好感をもたれることになるのです。私はその比率を「7対3」と教育されましたが根拠はいまだに不明です。

●「商品はいろいろと比較なさいましたか？」

営業マンが意識しなければならないのは**「お客様は自分にとって最適な商品をよくわかっていないことが多い」**という点です。利用目的や改善したい点をよく尋ねると、明らかに別商品のほうが目的に適うことも多いのです。そのため**「商品のほうはいろいろ比較なさりましたか？」**と一声かけてみましょう。信頼される**「プロからのアドバイス」をするチャンス**がつくれます。

●「ご家族お友だちお誘いのうえお越しください」

広告を見た人物から、広告効果を周囲に派生させるためには、このような具体的指示を出すことが必要です。サービス券を郵送する場合も**「お友だちにも差し上げてください」**のひと言をそえ「サービス券を複数同封する」といった周囲を巻き込むための指示を出すべきです。

●「この季節にピッタリです」

どう見てもお客様に「似合っていない商品」でも、抵抗なしに使えるフレーズです。お客様自身には似合っていなくても「季節柄ピッタリだ」という言葉を使うことで、言葉に嘘が入らないため自信を持ってお勧めできるようになります。また、美味しくない料理を出されたときも、同じような考え方で**「うわ〜体が温ったまる！」「うわ〜この季節にピッタリだ〜！」**と、味については触れないことで、嘘をつかずにその場をしのぐことができます。(笑)

●「こちらの商品ですと、お客様の品のよさが映えます」

「品のよさ」は「穏やかさ」と同様に習慣の産物です。ちょっとやそっとの訓練では身につかないその人の徳です。そのため、真逆の意味である「品がない」という表現は極力口に出すべきではありません。また「品がいい」というほめ言葉は商品を勧める際にも購入を促す使いやすい言葉です。

●「この商品、ちょっと不格好なデザインですよね、でも年間200万台も売れてるんです」

このように**否定から入り「でも」に結び付ける**ことで、その後の利点を引き立てることができます。「否定」↓「でも」↓「驚きの事実」↓「理由」という展開にすれば、驚きの事実に対する「なぜ？」の感情を引き出すことができます。すると「○○だから」という理由付け部分を引き立たせることができるのです。また、商品にマイナス要素があるのに売れ続けている事実は、品質への信憑性を感じさせます。

相手を喜ばせるひと言

●「おっしゃる通りです」

「そうそう」だけでなく、時折この言葉を混ぜることで、相手の話を真剣に聞いているように印象付けることができ、対話にリズムも加わります。

●「それ、なかなかできることじゃないですよ！」

相手の発した「なにげないひと言」のなかに、人として立派な内容が含まれていることもあるものです。そのような発見をした場合、ぜひこの言葉を投げかけてあげましょう。相手のしているよい行いの指摘は、相手を喜ばせるばかりか、こちらも日々他人の行動から学ぶ姿勢をもって生活していることを間接的に伝えるものでもあります。

●「サラッと話してますけど、それ凄いことじゃないですか？」

対話のなかで表情ひとつ変えず凄いことをサラッと話す人がいます。信じられないほどの量をこなしている事実や過酷な状況に置かれてい る話、逆に飛び上がるほどの名誉を得た場合でも淡々と話すタイプの人です。例え相手が淡々と話すタイプの人でも、こちらはしっかりこのようなフレーズでリアクションをし「凄い」と認めることが大切です。

●「あなたがいうと説得力がある」

相手の自尊心をくすぐるリアクションとして覚えておくべきキラーフレーズです。

●「○○さんだからお願いするんです」

信頼感の強さを表すフレーズです。また**「○○さんだけにはぜひ……」**も同様です。親切をした後の**「当然ですよ」**も日ごろの感謝の気持ちを表すのに最適な言葉です。

●「メモしておいたほうがよさそうですね……」

メモを取る姿勢は、相手の「発言の価値」を認めるものです。発言の合間にこの一言を入れることで、その後の関係にマイナスになることはありません。

●「助かります」

「ありがとうございます」と違い「助かります」の場合、**相手の心に「助けてあげられた」という印象が残ります。**「ありがとうございます、助かりました」ならさらに丁寧です。

●「けっこう、大変だったんじゃない？」

「大変だね」「頑張ったんじゃない？」「スゴイね」といった、相手の苦労を認める言葉は、相手との関係をスムーズにするものです。

●「だいぶお時間をかけさせてしまったのではありませんか？」

コミュニケーション上手な人は「相手の費やした時間」を意識できる人です。例えば、何か教えてもらうためにメールで問い合わせをしたとき、相手からかなり詳しい返事が届いたとします。このような場合は、相手の費やした時間について心配する連絡を入れることが大切です。また、このような言葉を添えることで相手は嬉しくなるものです。なかなかできないという人は、相手の費やした時間を想像するだけでも、お礼の気持ちが湧いてくるものです。

●「バランスとれてますね」

対話のなかでこのフレーズを出せば、相手を喜ばせるだけでなく、話し手自身もバランス感覚を意識している人間であると映ります。

問題を回避するひと言

●「決まりですから……」

手数料などに渋い顔をするお客様には、このひと言をサラッということで次に進められます。

●「5時3分に開始します」

「5時開始」とするよりも「5時3分開始」としたほうが、遅刻は少なくなるものです。このように分刻みの端数を敢えて付けて伝達することが、時間を守らせることにつながります。この場合心理学では、2や4といった偶数より、1や3、5といった**奇数をつける**ことのほうが、効果を高められるとされています。

●「打ち合わせの際の飲食代は各自負担になります」

余計な経費を増やさないために、このフレーズをメール連絡の段階から掲載しておきましょう。もちろんお願いする立場なら、初めの接触の段階では当然こちらで負担する必要がありますが、このような事前連絡1つで「ならわし化」による余計な経費を抑えることができます。面と向かってなかなかいいにくい内容はメールによる事前連絡の形にすることです。

●「事前連絡」をして流れをスムーズにさせる

事前連絡は、流れをスムーズにする働きがあります。キャンペーンの告知をする場合などは、**事前に「予告連絡」を入れる**ことで広告効果が高まります。人間は初めての情報を受け入れにくいものですが、「あ、あれね……」といった、過去の情報を確認させる内容に対しては承認しやすくなるのです。この心理を悪用しているのが、振り込め詐欺師たちです。事前に「今度電話番号が変わるから」という簡単なメッセージだけ送り、その後しばらくしてから本題の連絡を入れるという手口をよく用いるそうです。

●注意するのではなく「心配の言葉」をかける

改善してほしい場合には、いきなり「やめろ」と注意の言葉を発するのではなく、多くの場合**「大丈夫？」**と心配の言葉をかけることで、双方が嫌な思いをせず、問題を解決することができることを知っておくべきです。ミスを注意したいときも「何やってんだ」と叱りつけるより、むしろ「大丈夫？」と気づかせるだけで済む場合も多いのです。**「叱る」「注意する」「指示する」「知らせる」「心配する」というように、改善を促す言葉は意識して使い分けるべき**です。飲食店などで寝込んでしまったお客様を起こす際も、この**「大丈夫ですか？」**の呼びかけは悪い印象を与えずに済む大変便利なフレーズです。

●「社員募集」で決定的に差のつく言葉

入社の段階で「使いやすい人間」だけを集めることのできる募集の呼びかけ方があります。その呼びかけとは……**「弟子募集」**です。法律事務所など士業の場合**「補助者募集」**とするのが通例ですが、このように募集の段階から「働く際の立場」を理解させることがスムーズに仕事を進める知恵です。立場を理解させることはビジネス上とても大切です。

●経費のかからない営業マンの集め方

「営業マン募集」とした場合、教育費や人件費のかかる人間が集まることになります。しかし次の言葉で人を集めた場合、同じことをそれらの経費ゼロでしてくれる人を集められます。その言葉とは**「代理店募集」**です。つまり、何でも売れる人を集めればよいのです。

●経費を抑えるセミナー業界の呼びかけ方

少ない講演料しか出せない場合なら、**むしろ「無料公演」をお願いしたほうが、著名人を呼びやすい**というのがセミナー企業の定説です。つまり、人を動かすためには、お金のほかに**「意義」に働きかける**方法を検討することで予算は抑えられるということです。また、キャリアの乏しい若手の専門家を講師に招く場合「非常勤講師の称号」など、プロフィールづくりに役立つ価値を提供することで経費を節約できます。

●「恥ずかしい言葉」を言わせない配慮

エステ業界や風俗業界では、お客様に「恥ずかしい単語」をいわせずに希望する内容を店員に説明できるよう、コース内容を提示し「コース名で指定できる」ようにする配慮が必要です。また、脱毛コースの説明なども「Yライン、Iライン、Oライン」といった代名詞的な言葉を用意しておくことが、お客様の「説明への抵抗」を和らげます。

お願いするときのひと言

●「○○だけ、お願いしたいんですが……」

ちょっとした作業を手伝ってもらうときは、「○○をこちらでやりますので、○○だけお願いしたいんですが……」というように、**「だけ」**の言葉を利用すべきです。なんとなく、チョットだけというイメージが伝わるため、依頼を受けた側も承諾しやすくなります。

●「今回は泣いてもらえないでしょうか？」

相手の立場をわかっていることを示しつつ、お願いをするときに使える「持ちつ持たれつ」のよい関係を続けていくためのフレーズです。

●「件名：掲載許可のお願い」

「貴社の運営するブログの記事を利用したいので、そのご許可をお願いいたしたく……」このような連絡は、相手にとって嬉しいものです。件名のなかでも、開封率の高い連絡の仕方が自尊心をくすぐる「よろしいでしょうか？」の許可願いの連絡です。

●「もし、タイミングがあえば」

人に何か依頼をする場合は**「大変ご多忙なことは存じ上げております。もし、タイミングがあえばということなのですが…」**の一言を添えることが非常に重要です。相手は自分より忙しい人であると考えましょう。運悪く、依頼に応じてもらえなかった相手に、あなたがどのような連絡を入れるかで、その後の付き合い方が変わるものです。**間違っても依頼を受けてくれなかったことを責めるような連絡を入れてはいけません。**相手にも予定やリズムがあることを思い出すべきです。断られたときは、むしろ「大変お忙しいなか、ご心配をおかけいたしまして申し訳ございませんでした」と、お詫びを入れるべきです。相手にその間、いろいろとこちらの面子のことも考え気苦労させてしまったことを気遣うべきなのです。**「断られた後のリアクションにこそ人間性が出る」**と自分に言い聞かせることです。

●「条件付きで安くなることはありますか？」「例外的にＯＫが出せる場合はありませんか？」

断られた場合や条件が合わない場合はこのように「条件付き」や「例外の存在」を尋ねてみれば、こちらとしてはさほど問題にならない内容で、話が進むケースもあります。

肩書きに工夫する

●話を聞いてもらいやすくなる「肩書き心理術」

近寄りやすい印象を与える肩書きはとても有利です。例えば**「○○ジャーナリスト」**という肩書きを使えば、社長へのインタビューはしやすくなります。また**「○○カウンセラー」**という肩書きを利用すれば、お客様から嫌がられずに「営業マン」と同様の活動ができます（笑）。

●話を聞き出しやすくするお膳立て

ニュースサイトを立ち上げ「○○ニュースの編集担当ですが、取材をさせていただけませんか？」という呼びかけをすれば、抵抗なく「営業につなげる接近」をしやすくできます。同じく、本を1冊でも書き「本に貴社の活動を載せたいのですが」とアプローチすれば、かなり真剣に話を聞いてもらえるようになります。

●「仲介」「あっせん」より印象のいい表現とは？

それは**「窓口業務」**という呼び方です。代理店業務や提携業務を行う際**「仲介」**や**「あっせん」という呼び方では、お客様に「手数料」という出費に対するイメージを連想させてしまいます。**これらの業務を行う際は**「保険の窓口」**のような表現にすることで、抵抗の少ない柔らかな印象を与えることができます。

●「○○専門」や「Wスキル」で希少性を出す

「離婚問題専門弁護士」のように、**業務を特化させることで、利益の少ない業務ややりたくない業務を断る口実にできます。**しかも専門とすることでレベルの高さを印象付けます。また、公認会計士にしてアニメの評論家といったように、ギャップのある**「○○にして○○」**の表現を使えるような肩書きを用いれば、希少性は一気に高まります。この際、かけ離れた分野のスキルを組み合わせることがインパクトを与えるポイントになります。

●社長が検討すべき「品のいい肩書き」とは?

社長や代表取締役、CEOなど、さまざまな肩書きがありますが、日本語としてとても印象のよいものに「社主」という表現があります。高貴な会社の創業者的イメージをつくれます。

●謝罪と肩書きの関係

謝罪の際は、ミスをした本人が謝罪をすることは当然大切ですが、大きなミスをしでかした場合、上司からもお詫びを入れなければならないケースもあります。その際、相手が注目するポイントの1つが「上司の肩書き」です。営業部長やセールスマネージャーといった、その部門の最高責任者であることがわかる肩書きが、相手への謝罪の程度の大きさとして伝わります。

もちろん直接社長が謝罪することも効果がありますが、こちらの企業規模が相手に知られていない場合は、あえて社長は最終手段として出さないことがプラスになることもあります。

会話を停滞させないモノの言い方

●コミュニケーションをスムーズにしたいなら「呼び方」を変える

大手の企業のなかには、上司や部下を分け隔てなく「さん」づけで呼び合うようにしているところがあります。投資家も、そのような社内規則のある企業は業績が安定する傾向にあると語っています。真逆の発想として、立場を理解させ指揮系統を強化する必要のある業界では、人事異動で役職が上がった場合は、必ず部下を呼び捨てにしなければならないという規則を定めている企業もあります。武士の時代にも上役からの命令を伝える際には「言葉改め」を行う習わしがありました。命令を発した人物の位に応じた命令調の言葉づかいをして指示を伝えるルールです。

●使ってはいけない「キーワード」を決めておく

失言を防ぐためには、会話の流れを悪くするような「キーワード」をリストアップしておくことです。「どうせ」や「だって」「でも」といった切り返しの表現も、良い方向に展開しにくいキーワードです。

●「やってますね～」でスムーズな流れをつくる

「やってますね～」は、相手の行動を承認するわかりやすい言葉です。単純なフレーズでありながら、挨拶と組み合わせて使うこともできる重宝な言葉でもあります。**「おはようございます。お！　やってますね～では私も……」**というような使い方をすれば、一日のスタートもスムーズです。また**「やってますね」**や**「頑張ってますね」**は相手を承認する意味のほか、それらのアクションを促す「指示的効果」も与えま

す。つまり語調によっては、「仕事をやれ」「頑張れ」といった内容を柔らかく伝えることもできるのです。

●**「よろしかったら使ってください」**

押しつけることなく、相手の気持ちに配慮した日本語としてとても美しい言葉の1つが、この「よろしかったら……」を頭につけた呼びかけです。何かを呼びかけたり提案する際は、この呼びかけをつけ加えてみましょう。

交渉・会議をうまくまとめる言葉

●**「なぜ?」ではなく「どうすれば?」**

「なぜ」は原因追求型の思考ですから、方向としては「後ろ向き」です。これに対して**「どうすれば」は目的に目を向ける「前向き」の視点**です。原因論型思考と、目的論型の思考の違いですが、原因論型の思考をすると「誰かの責任追及」に走りやすい点が問題です。そのため企業内でのコミュニケーションをよくするためには、目的論型の視点で改善に目を向けるべきなのです。

●**「理想論としては正しい意見」をうまく否定するには?**

相手の発した内容が「理想論」や「方向」としては正しいものであっても、どうも実現性が乏しいというようなものがあります。そのような場合、相手の意見を尊重しつつ否定もしなければならないため返答に困ります。このようなケースでは、多くは**「方向は間違っていないと思うのですが、ステップを挟む必要があると思います」**といったように「段階についての指摘」をすることで相手を柔らかく否定することができます。判断は「方向性」と「段階」の2つの尺度で捉える必要があるからです。

●あらかじめ共通の方向を意識しておく

政治的な議論など決着がつきにくい話題に対し、何人かで二者択一の議論になった際は**「選べる状態が理想なのではないか」**と提案してみることが大切です。これは、板挟みの状態から身を守るための1つの知恵でもあります。また、部分的に双方の長所を組み合わせる**「折衷案」**を出すことで丸く収まることもあります。議論の際、双方に意識づけるべきは、同じ問題を解決するためにお互いが努力しているという**「目指す方向が同一である点」**です。

●「例えば？」の質問で参考事例を増やす

専門外の話の場合、なかなかイメージがつかめないことがあるものです。そのような場合は「例えば？」と質問することは悪いことではありません。何人かでミーティングをしているようなときも、1人が「例えば？」と質問すれば他の人のためにもなります。例え話は一人ひとり違うため、他人の例え話を知ることは思考の幅を広げることにもなります。

●「ではどうすればいいと思いますか？」

これが、悲観的な内容ばかりの相手の話を、前向きに変える言葉の切り返しの言葉です。この問いに対して答えを出させるようにすれば建設的な思考に向かわせることができます。

●「うゎ～、そっちでしたか～」

提案や意見を否定された場合、ダメージを最小限に抑えるためのリアクションです。つまり、全否定された際に備えたリアクションを用意しておくことは、心への衝撃をやわらげる効果があります。その後「では、そちらの線からもう一度考えを練り直してみます」とつなげれば精神的ショックも少なくて済むわけです。

●「どうも気が向かないな……」

交渉の際、断る理由を論理的に語っても、相手はその理由を打ち消す対策を準備しているものです。そのため、断る際の方法として「気が向かない」という表現を覚えておくべきです。気が向かないのは「気」のせいであるため、論理で打ち負かすことはできないからです。また**「訳あってお断りいたします」**といいつつ「訳」を教えないのも一法です。

●すぐに「明るく謝る」技術を身につける

失言をした場合は**「すぐ反射的に謝る」こと**

で事を大きくぜずに済ませることができます。間を開けてしまうと相手のなかで憎悪の念が膨らんでしまうため、修復することが困難になるものです。すぐであれば相手のショックも深くない段階ですから、内容によっては「明るい表情で」謝罪の言葉を伝えることもできますから、その場の雰囲気も壊さずにすみます。謝罪は相手に対する気遣いの表れでもあるため、早い段階でのフォローは相手の存在価値を認めていると印象付ける効果もあります。

●「YES＋AND法」の日本人向けアレンジ

相手の努力を認めつつ、不完全な部分について指示を出さなければならない場合、褒める部分を先に褒めた後「でも」でつなげるのではなく「そして」という接続詞を使い、改善点を示すようにすれば、受け手も気分的に抵抗なく聞き入れられる、とよくコミュニケーションをテーマにした翻訳本には書かれています。これは欧米でいう「ＹＥＳ＋ＡＮＤ法」と呼ばれる指示の出し方です。ところが、英語の「ＡＮＤ」の訳し方は、書籍のなかでは文語で「そして」と訳されていますが、対話では「そして」は不自然なため使えません。この場合、口語訳として最適なのは**「あとは」**になります。つまり**「あとは、ここだけ直せば完璧だから頑張ばれよ」と指示を出す「認める＋あとは」のスタイル**が日本語の口語としてスムーズな指示の出し方といえます。

【推薦本の紹介】

◎営業トークを学ぶなら

『「売れる営業」に変わる魔法のトーク』（菊原智明著・大和出版）
『営業は「質問」で決まる!』（青木毅著・同文館出版）
『アプローチは「質問」で突破する！』（青木毅著・同文館出版）
『凡人が最強営業マンに変わる魔法のセールストーク』
（佐藤昌弘著・日本実業出版社）
『営業ですぐ結果を出す人の話し方』（吉野真由美著・かんき出版）
『営業マンは断ることを覚えなさい』（石原明著・三笠書房）
『テレビショッピング発 売れるセールストーク術』（中野安子著・成美堂出版）
『これだけは知っておきたい セールストークの基本と実践テクニック』
（箱田忠昭著・フォレスト出版）
『バカ売れ営業トーク 1000』（高橋浩一著・中経出版）

◎営業ノウハウを学ぶなら

『訪問しないで売れる営業に変わる本』（菊原智明著・大和出版）
『営業マンは断ることを覚えなさい』（石原明著・三笠書房）
『成約率を３倍に伸ばす新規開拓の極意』（栗本唯著・同文館出版）
『売り込まなくても「トップ営業」になれる!』（山下義弘著・大和出版）
『売り込まなくても売れる!』（ジャック・ワースほか著・フォレスト出版）
『紹介だけで一生売れる技術』（神尾えいじ著・きこ書房）
『営業の魔法』（中村信仁著・ビーコミュニケーションズ）
『私はどうして販売外交に成功したか』
（フランク・ベトガー著・ダイヤモンド社）

2章

広告・チラシ・ポップ パッと目にとまる言葉の仕掛け

本章では、人を興味付け、振り向かせるために効果の高いキャッチコピーやキーフレーズを、人間を購入決断に至らせるために知っておきたい心理解説とともに紹介いたします。

「2倍」「W」「2分の1」「倍返し」…の言葉に惹かれるのはなぜか

2013年最高の視聴率を記録したドラマ『半沢直樹』の決め台詞に「やられたらやり返す。倍返しだ！」というものがありました。

米国の心理学者チャルディーニが世に広めた法則に、**「返報性の原理」**というものがあります。人間には、相手が何かをしてくれた場合、その「お返し」をしようとする原理が働くというものです。この**「心のバランスを取ろうとする働き」が、人間の行動に大きく影響を与える**というのです。

返報性は恩返しをしようと働く心のバランス作用といえるものですから、悪いほうに働けば「恨みをはらす」といった反応としても表れるものです。

そのため、半沢直樹の「倍返し」の感情は、「心のバランスを取ろうとする働き」としては、均衡のとれたものだといえます。つまり、押されたぶんだけ相手にダメージを与えるためには、今の位置から2倍の力で押し返す必要があるからです。

チャルディーニは返報性の原理を述べるなかで「受けた恩とそれに対する返報の程度」については詳しくは語っていませんでしたが、私は、販売においては商品価格と商品価値との間に次のような理論が成り立つと考えています。

人は商品を購入する際に、少なくとも**購入することが払う金額よりも「得になる」と判断した場合でなければ買わない**ことは明らかです。さらに、初めにこちらが受けた出費金額への損失イメージと、それとの心理的バランスを取ろうとする心の働きを考えれば「価格の2倍以上の価値」を伝えることが必要になるというものです。

つまり、**初めに感じた「価格の分だけ損をするかもしれない恐れ」を打ち消すためには、価格と同価値ではなく、価格の2倍の心理的価値を感じさせることが必要になる**のです。

これは、いったんマイナスになったところから、均衡のとれる位置まで感情を押し返すには、価格の2倍の心理的価値を感じさせる必要があるということです。

そのため、商品を打ち出す際は、謳い文句として**「2倍」**や**「W」**の文字を使った演出を検討すべきです。また、通常感じるマイナス要素が**「2分の1」**ですむことを謳い文句にすることも同じ効果があります。切りのいい「半額」セールに注目してしまうのもそのためです。

「チーズが2倍！」「Wバーガー」「カロリー2分の1」など、さまざまな商品で「2倍」や「W」「2分の1」という表記を見かけますが、これらは瞬間的に「2倍以上の価値」が伝わると購入を促しやすい心理があることを経験的に知っているためだといえます。

このほか、2倍の価値を伝える方法としては「リバーシブル」「上着としても肌着としても」「冬でも夏でも」「ホットでもアイスでも」などといった**「2倍の使い道」ができる点をアピールする**方法もあります。

では、この「2倍の三段攻撃」で購入決断を促すすぐれたコピーをご紹介いたします。

「パワーが2倍！　スピードも2倍！　使いやすさも2倍！　だから効果が違うんです」

儲けのヒント **出費の不安を押し返すには「2倍の価値」を演出する**

「だから」をいかにうまく使うかが売れるかどうかの「鍵」になる

この「パワーが2倍！　スピードも2倍！　使いやすさも2倍！　だから効果が違うんです」のフレーズにおいて、もう1つ注目すべき部分は、後半の**「だから」を強調する文章構成**になっている点です。

商品によっては、「信憑性」や「根拠」が購入決断に大きな影響を与えます。そのため、根拠を強調する「だから」を効果的に伝える必要があります。「だから」を強調するためには、その直前に**「いかに説得力のあるフレーズを置くか」**が重要になります。

「だから」を使ったフレーズは、人を動かす要素である**「根拠」「証拠」「理由」**、それらが存在することを脳に意識づける効果があるのです。

「○○だから○○できる（が叶う）」

「○○するだけで○○できる（が叶う）」

「これさえあれば○○できる（が叶う）」

「これさえあれば○○しなくて済む」


とくに、「悩み解消系」や「願望実現系」の商品の場合「○○するだけで○○できる（が叶う）」式のフレーズを使うことができるかどうかは重要です。

「巻くだけでやせられる腰ベルト」「身につけるだけで幸せになれるペンダント」……このように**「だけ」**や**「さえ」**の言葉を使える商品も「だから」に匹敵する人の心を揺さぶる商品です。人は「簡単」「略式」「楽」を求めてやまないものです。

そのため商品を開発するにあたっては営業マンや店頭スタッフが**「売りやすい謳い文句が使える商品であるか」**をチェック項目に入れておく必要があるのです。

儲けのヒント　**「だから」「これさえ」「これだけ」を印象付ける**

「反射的に避けてしまう文字」をどうカモフラージュするか

広告においては「アイキャッチ」が重要だといわれますが、その真逆の考え方が要求されるケースもあります。**「反射的に目をそらしてしまう表記」には対策を施す必要がある**ということです。

例えば、モバイル端末などの販売では、本体を「１００円」というような価格設定にしながらも、特定のプロバイダーに新規で2年間加入するなどの条件を設ける販売スタイルをよく見かけます。収益はプロバイダー料金のほうで上げるスタイルです。

このような販売スタイルが多くなった現在、お客様はこの2年の拘束条件の存在を意味する「2年」という文字が目に入ったとたん、その広告からは目をそらしてしまいます。

例え、他社製品と比べ、他にもたくさんの利点があろうとも、この「2年」の文字が目に飛び込んだとたん、広告から目をそらしてしまうお客さまも多いのです。

そのため、このケースでは「2年」という文字は、避けるべき表記となります。そこで、家電量販店のポップ広告では、この「2年」という文字を使わないよう、表記に次のような工夫を施しています。その工夫とは……

「2年」という表記に変えて、平仮名で「にねん」と表記した。

この工夫により、反射的に広告から目をそらすことがなくなり、他のメリットの書かれた部分も読んでもらいやすくなったというわけです。

これまで中国産の商品を表記する場合は「**Made in China**」が一般的でしたが、最近はそれに変えて「**Made in PRC**」(中華人民共和国＝**People's Republic of China** の略)と表記する商品も増えてきました。

これは粗悪品というイメージが定着している中国産商品のイメージを商品にもたせないための工夫ですが、事実、売上げが上がったという流通業者も多いといいます。考えてみればアメリカ製の商品はＵＳＡと表記しています。

また、ホームページのデザインにもいえることですが、アニメのキャラクターなどを利用する際は、いわゆる「オタク的表現」を毛嫌いする人も多いことを意識すべきです。
さらに、イラストや写真を用いる場合、一般的には人や動物など「顔」のあるものを使うことが印象をよくするためには重要とされますが、商品によっては同性のカメラ目線の写真は使うべきではないものもあります。ライバル意識を感じさせてしまうと「敵の利用しているもの」というイメージをもたれてしまうためです。

儲けのヒント　**マイナスイメージのある言葉は別の言葉に置き換える**

「禁止」に反応してしまう人の心理を利用する

オカルト映画の名作『サスペリア』のCMでは、キャッチコピーのお手本といわれるほど秀逸なものが利用されていました。そのコピーとは次のフレーズです。

「決して、ひとりでは見ないでください」

人間には禁止の言葉にかえって行動したくなる、あまのじゃくの心理（カリギュラ効果）があります。そのため、相手を誘導したい場合、**「禁止調の表現」**を考えてみることです。

また、この「決して、ひとりでは見ないでください」の表現は、脳に与えるメッセージとして**「ぜひ、お友だちをお誘いのうえ見にきてください」**という意味も持ちます。つまり**集客数を増やすためのメッセージも含まれている点がすばらしい**のです。

儲けのヒント **人の持つ「禁止に反発する心理」を利用する**

「2つの言葉」を使って確実に振り向かせる

「朝が辛い…体がだるい…それでも仕事が休めないあなたへ！」

このように、対象者が該当するであろう**「2つの条件」を投げかけることにより、相手を的確に振り向かせる**ことができます。

人間が外からの情報に反応するか否かは、自分にまつわる情報であるかどうかが基準です。そのため「自分のための情報である」とわからせる呼びかけ方をする必要があります。効果的な方法の1つが、この2つ以上の条件を投げかける手法です。

ポイントは、2つの条件にターゲットの多くが該当するものを用いることです。この手法を使った優秀なCMコピーを紹介いたします。**「自宅で先生になれる」というステータスに訴えている点にも注目**です。

「子供が好きで英語が好きなあなた！　おうちでECCジュニアの先生になりませんか？」

儲けのヒント　人は2つの条件を投げかけると反応しやすくなる

「買ってください！」をやんわりと表現するフレーズ

「お試しください」（あらゆる商品）

「実感してください」（美容・健康・洗剤など）

「その目で確かめてください」（洗剤・掃除機など）

「この温かさをあなたの肌で感じてください」（衣類・布団など）

「次は最も厳しいあなたが試してください」（洗剤など）

表現こそ違いますが、これらはすべて「買ってください」という意味です。商品にピッタリな「結果としてお買い上げにつながる呼びかけの言葉」を研究してみましょう。

購入時の出費の負担を感じさせないよう「出費をイメージさせずにすむ言葉」を選んで使うようにするのがコツです。

儲けのヒント

出費をイメージさせにくい表現で呼びかける

「敵の存在」を意識させて欲しい気持ちを高めさせる

人間心理を突いた広告を考えるのであれば、覚えておくべきは、**お客様と商品の関係だけを考えるのではなく、お客様とライバルの関係を意識させる**ことも重要です。いい換えれば、「勝てる商品であること」をアピールする表現も検討すべきということです。

例えば、化粧品の広告においては、通常お客様が「美しくなれる」ことを前面に押し出しますが、次のような方向でアピールすることもできます。

「肌がきれいなら、女は無敵。」（資生堂　マキアージュ）

　このように**「勝てる商品」「選ばれるための商品」**としての特性を打ち出すことは差別化戦略としても強力です。人間のもつ根本的かつ強力な欲求である「生存本能」に訴えることができ、商品に対する欲求の質を変えることができるからです。

「あこがれの自分に近づきたい欲求」と「ライバルに勝ちたい欲求」では、欲求の質もレベルが違うのです。

競争のなかにいる自分であることを意識付けられると、購買意欲が高まるのです。「勝てる商品」「選ばれるための商品」であることを訴える視点は重要です。ライバルの存在を意識させる表現には次のようなものがあります。

「勝てる○○！」「選ばれるための～」「必勝の～」「史上最強の〝あなた〟になる」

「勝者が選ぶ○○」「歴代チャンピオンの多くが～」「競技用○○」……など

儲けのヒント　ライバルの存在を意識づける表現を検討する

言葉による「イメージの方向付け作戦」とは？

ファミリーレストランなどでは、よく**「森の妖精たちが運んできたキノコのハンバーグ」**といったメニューの表記を見かけます。このように書かれていると、それが例え中国産の缶詰キノコを、時給８５０円で働くウェイトレスが運んできたものであるとわかっていても、〝そういうモノ〟としてイメージでき、その場の雰囲気が明るくなります。

当たり前と思われる事柄を、見慣れない未知のものに変えるなどの意味を持つ演劇用語に、**「異化効果」**あるいは「異化作用」と呼ばれるものがありますが、販売においても受け手に描いてもらいたいイメージに方向付ける表現を取り入れるべきです。

「森の妖精たちが運んできたキノコのハンバーグ」の例は極端かもしれませんが、商品説明には、「比喩」や「例え」によって「イメージを方向付ける表現」を検討すべきです。

例えば、色を伝えるなら「色は緑」ではなく**「新緑の力強さを感じさせるグリーン」**とします。また、何の解説もなければ、ただの「チェックのセーター」としか映らないセーターでも**「スコットランド伝統のタータンチェックを採用」**とすれば、どことなく高級感が漂います。効果的なイメージの方向付けは経費をかけずにできる販売促進の王道です。

儲けのヒント
効果的な「比喩」や「例え」を使い、イメージを方向付ける

経費をかけないで売上げが伸びる「ミラクルフレーズ」

経費をかけないキャッチコピーづくりのキーワードは**「自然」「天然」「伝統」「頑固」**です。これらは販売術や文章術の本では、なぜか指摘している本を見かけないのですが古典的ともいえる重要なノウハウです。

経費をかけないことを、むしろ長所として訴えることのできるミラクルフレーズを、次に紹介します。

ミラクルフレーズ①：伝統を感じさせる

「伝統製法」
「伝統をかたくなに守り続けた製法で」
「伝統の作り方を頑固に守りぬく」
「○○年間変わらぬ製法で」

これらのフレーズを用いることで、例え本当の理由が、予算の都合で新型の機械を導入することができない商品であったとしても、「イメージのよい商品」として印象付けることができます。

「伝統」や「頑固」という言葉は、敢えてそのようにしていると感じさせる「志」を連想させるものだからです。もちろん伝統を守るために莫大な経費や努力をしている商品や企業もたくさん存在するのも事実です。

後継者のなり手も見つからないほど困窮している海産物や調味料などの販売には、この作戦が効果を発揮します。

また、裏を返せば「伝統ある商品」でありさえすれば、この売り出し方が使えるわけですから、全国展開のできる通販ノウハウを有している企業は、「売り方を知らないで困っている地域的な珍しい伝統商品」を探しだせば、業績を伸ばすことができるということです。

ミラクルフレーズ②：ナチュラル感を演出する

「余計なものは一切加えず」
「人の手を加えることをせず」
「天然そのままの姿をお届け」
「大自然の恵みそのまま」
「自然を愛するあなたへ」

ナチュラル志向の今日ほど、売る側にとって都合のよい演出のできる時代はありません。

本来、よい商品を提供するためには、手間ひまをかける必要があるものです。

しかし、これらのミラクルフレーズを利用することで、その「手間ひま＝経費」をかけずに商品を提供することができるようになります。つまり、お客様の脳に「肯定的な方向付け」の情報を埋め込むことが、経費をかけない新商品開発の秘策なのです。

ミラクルフレーズ③：欠点を逆手《さかて》に取る

同じような発想で、一般的に欠点と思える部分も、言葉による方向付けで長所として訴えることができるようになるものです。

例えば、人手不足で土のついた状態の野菜を発送しているのであれば、それを欠点だと考えず利点と捉えて**「とれたての野菜を畑から直接お届け！」**と謳うこともできます。

これも経費をかけずに、上手に商品を売る1つの知恵ですが、このように**「その欠点を逆手に取る」演出**は、どの業界でも検討すべき大切な視点です。いくつか例をあげれば次の通りです。

「時代遅れのサイズの大きなラジオ」↓「大きくて高齢者にも使いやすいラジオ」
「古めかしい不動産物件」↓「ヴィンテージ物件」「アンティーク物件」「レトロな物件」
「明らかに高い商品」↓「高くて手を出す人がいないため購入すれば確実に目立つ商品」

「欠損品・キズ物」↓「賢い主婦ならわかる〝訳ありお買い得〟商品」

儲けのヒント

「自然」「天然」「伝統」「頑固」の言葉で経費を抑える

商品のクオリティーの低さをカバーする言葉とは？

予算不足などの理由で「クオリティーが低い」とお嘆きの商品なら、次の「魔法の枕ことば」を広告につけるだけで「ありがたい商品」に思わせることができます。

その魔法の枕ことばは……「簡易型」です。

「簡易版」「簡易型タイプ」とつけることにより、本格的ではない「間に合わせ型の商品」を求めているお客様を惹きつけることができます。「めったに使わないし……」といった理由で、本格的でない「廉価なものを探している人」のマーケットも必ずといっていいほど存在します。**期待値を下げたぶん、かえって評価を高める結果になる**のです。

例えば「インディーズ版」のように「期待値を下げてもマーケットの存在する言葉」を発見できれば、マイナス評価の商品を一気に希少価値のある商品へと変えることができます。

儲けのヒント　**期待値を下げてマーケットを得る戦略で経費を抑える**

間接的に「推薦」させて説得力を持たせる

商品のよさに説得力を持たせるためには**「権威者や業界団体からの推薦」**や**「利用者からの声」**を掲載すると効果的ですが、そのほか**「それにふさわしい影響力のある対象を引き合いに出す」**ことも有効な手段です。次のような表現も検討してみる価値があります。

その商品にふさわしいプロの意見や環境を引き合いに出す

「税理士さんが多く加入している生命保険です」

「数字に細かい自営業の方に選ばれています」

「歯科医が推奨する歯間ブラシです」

「東大の生協で最も売れている勉強法の本はこれ！」

「札幌のデパートで最も売れている温か肌着」

人間よりも正直な動物を利用する例

「うちの猫ちゃんも、いつもこの布団の上で寝ちゃうんです」

「ネズミもかじる天然素材の石鹸です」

「僕もノビノビだワン！」

儲けのヒント 直接的な推薦のほか間接的な推薦法も検討する

「お買い得！」と思わせる「定番キーワード」

例えば、２９８００円という、よくみかける値段の商品でも……

「独自ルートの開拓により、夢の２万円台を実現！」

というように、**「実現」**という表現を用いると、なんとなくお得なのだという「意識の方向付け」がされます。

説明文のなかにも**「業界の壁を破る２万円台の価格設定に成功」**のように、幸運を感じさせる**「成功」**などの言葉を埋め込みます。特に、高いのか安いのか微妙な値段で販売せざるを得ない商品の場合、検討してみるべき表現です。

他にも、この言葉を使えば売上げが伸びるとされるキーワードがあります。代表的なものは**「無料」**や**「限定」**ですが、その他にも「定番キーワード」というものが存在します。

覚えておくべき「定番キーワード」

○「送料無料」　○「お試し価格」　○「カード利用可」
○「訳あり商品」　○「発売解禁」　○「特許出願中」
○「切手可」　○「悪用厳禁」　○「秘密厳守」
○「在庫少量」　○「次回入荷未定」　○「類似品にご注意」
○「携帯からもフリーダイヤルＯＫ」　○「プレゼント用にも！」
○「お近くのコンビニからもお支払ＯＫ」　○「数に限りがございます」……など

儲けのヒント　**効果的なキーワードはチェックリスト化しておく**

「人の心理」を利用したコピー作り裏テクニック

ここでは、「人間の心理」に訴えかける効果的なフレーズをご紹介いたします。

人間の「顔を見たがる」心理を利用する

進化のなかでコミュニケーション能力を発達させてきた人間は、人の顔の造りや表情から、相手の人柄や感情をさぐる力を身につけました。そのため、人は他人の顔に強い興味を示すよう本能付けられているのです。顔情報は広告にも大きく影響するため、モデルは当然、美形となります。ホームページにも「顔」を出すことで安心感を与えられます。

ブログやメールマガジンを利用して自身の販売サイトや他のサイトへ誘導する場合も、この**「人間が顔に興味を示す性質」を応用することでクリック率を劇的に高める**ことができます。例えば次のようなフレーズには思わず反応してしまうのではないでしょうか？

「美人モデルの○○さん　双子の妹の写真を初公開↓ＵＲＬ」

「ネットで話題！　整形疑惑の○○さん　中学生時代の顔写真流出↓ＵＲＬ」

「4年間伸ばした髪をバッサリカットしました。似合ってます？↓ＵＲＬ」

「私のスッピン写真を今日1日だけ公開します↓ＵＲＬ」

人間の「苦労をなくしたい」心理を利用する

人間の行動理由で大きな地位を占めるものは「苦痛を避け快楽を求める」という快楽原理に基づくものです。

そのため今の苦労を軽減させるアイデアや道具の情報には強く反応を示すものです。次のようなフレーズは、ブログやメールマガジンでクリックされやすい「キラーフレーズ」といえるものですが、特に「無料」の言葉とともに用いることが反応率を高めます。


「20分かかっていた○○の作業をクリック一発で解消できる無料ツール⇓ＵＲＬ」

「カスタマイズ可能な注文専用ページのテンプレートが無料公開されました⇓ＵＲＬ」

「季節ごとの人気キーワードを予測検索する無料ツールを発見しました⇓ＵＲＬ」

「動きが重くなったパソコンを軽快にするための方法を一覧表にしました⇓URL」

これらのキラーフレーズから自分の利益につなげるためには、ダイレクトに目的のページのURLを伝えるのではなく、いったん「自分に広告収入の入るページに飛ばす」というクッションを挟むことです。

ワンクッション挟む知恵を用いれば、人の興味をそそるあらゆる情報を自分の利益につながるページへの「誘導情報」として使うことができるというわけです！

ビジネスでは、すべてにおいて「段階を踏むべきではないか？」「ステップを挟むべきではないか？」という発想が大切になるのです。

人間の「答えを知りたい」心理を利用する

人は、「疑問を投げかけられる」「話を途中で中断される」「雑誌に袋とじをつくる」「不完全な状態で提示する」「伏字を使う」「クイズを出す」といった投げかけに対して、完結した状態にしたいという強い欲求にかられます。これは、知性を身につけた人間ならではの欲求ですが、この性質に働きかける方法を利用したのが次のようなフレーズです。

「続きはウェブで」「正解はコマーシャルのあと！」「……次週に続く」
「さおだけ屋はなぜ潰れないのか？」「これから伸びるビジネスは○○です」
「さて、彼女の年齢はいったい何歳でしょうか？」

人間の「人の役に立ちたい」心理を利用する

「笑い」を求める人間心理を利用するのと同様に、人のもつ「愛情」や「良心」に訴えることで関心を惹く方法も存在します。

商品代金のなかから一部を慈善団体などに寄付するメッセージを広告に掲載するなどの方法ですが、ミネラルウォーターの「ボルビック」では「1リットルのお買い上げごとに、アフリカに10リットルの水を寄付します」というメッセージを利用しています。

儲けのヒント　心理を突くとは「人間特有の性質を突く」ことである

人間の欲求に訴えかけ、心を振り向かせる4つの方法

個人の心理だけでなく、人間の欲求に訴えかけることで、より多くの人々の関心を引くことができます。

人間の欲求とは「理想と現状との隔たりの大きさ」と深い関係があります。「自分が希望する状態と現実とのギャップの大きさ」と関係があると表現してもよいでしょう。

不満のない状態では欲求も存在しないため、こちらから不満を感じさせる情報を投げかけることで欲求をつくりだし、ビジネスを展開する戦略も存在するのです。

例えば、いわれるまでほとんどの人が気づかなかった「洗濯機の洗濯層の汚れ」を指摘し、洗濯層の汚れを落とすための洗剤を販売する洗剤メーカーの知恵などがそれです。

通常の商品販売においては、期待感を高めるために頭を使うものですが、その真逆ともいえる「不満感をつくりだす」視点です。

このような**「欲求創造効果」**をもたらす広告表現には、使いやすいものとして次のようなものがものがあります。

①**「指摘する方法」**とは、これまであまり気づかなかった「汚れ」や「臭い」「不公平」「搾取」その他の「問題」などを指摘することで、相手に不快感や不公平感、腹立たしさの感情をつくりだす方法です。

②**「疑問を投げかける方法」**とは、質問やクイズなどの投げかけをすることで、解答を知りたい欲求に訴える方法や、話を途中でやめるなどの方法を使い、完成された情報を欲しがる欲求（ツァイガルニック効果）などに訴える方法です。伏字を利用しその部分に入る言葉を連想させるなどの方法も、この方法に含まれます。

③**「対立表現を使う方法」**とは「勝ち組と負け組」「子供から大人まで」のように、2つの対立する言葉を使うことにより、それらのどちらに該当するかを知りたい、「不安な人間」を振り向かせる効果や「該当する人間」を間接的に指名する効果を利用した方法

です。私はこれらの効果を**「対立表現のもつ集客対象指名効果」**と呼んでいます。

④**「選択肢を投げかける方法」**は、商品ラインナップの演出法として、商品を選べる状態にすることで、買わせることより心理的に抵抗の少ない「選ぶ」段階にまでいったん興味付けてから、段階を追って購入にいたらせる作戦です。

①〜④のような「欲求創造効果のある言葉のかけ方」を知っていれば、効果的に該当する人間を振り向かせることができるというわけです。具体的な言葉のかけ方としては、次のようなものがあります。

「あなたの税金、搾取されていることに気づいてください！」……………税理士事務所
「問題です！　２０００円の弁当を3秒で「安い！」と思わせなさい」……会計本
「婚活における、選ばれるワンピース、選ばれないワンピース」……………婚活業界
「色は、白、黒、ライトブルー、紺、ピンクの5色から選べます」…………携帯電話

儲けのヒント

「欲求創造効果」「集客対象指名効果」のある表現を利用する

確実に財布を開かせる「パグジャの法則」とは？

さて、ここまでいくつかのコピーを紹介してきましたが、広告全体を考えるときに、私が意識しているものに「パグジャの法則」というものがあります。これは、私がネーミングした法則ですが、広告に不可欠な３つの要素をまとめたものです。

①「パッ」と目につくアイキャッチの要素
②「グーッ」と引き込まれる説明の要素
③「じゃあ」と行動に至らせる要素

「パグジャの法則」とは？

① パッ
薄毛の悩み…
② グーッ
あきらめないで！
画期的新技術が…
限定500名様に
無料サンプル贈呈
➡0120-×××-〇〇〇
③ じゃあ

「無料で引きつけ、限定で急がせ、信頼でつなげる」

これが、初めての誘いかけから固定客がつくまでの流れの王道です。そのことからも、無料情報やサンプル品の提供を利用した「フリー戦略」は心理にかなった集客ノウハウだといえます。

広告心理は、一般に「認知段階」↓「感情段階」↓「行動段階」の3段階に分けられるとされていますが、これを広告に反応するお客様の感覚で表現したものが、「パ・グ・ジャ」の3つというわけです。

この3つの要素のどこか1つでも弱い部分があっては購入にいたらせることはできません。「アイキャッチ」から「アクション」までを一連の流れとして捉える必要があるというわけです。

「パッ」の段階では、読ませるというより、脳が思わず反応するようなコピーやデザイン性が重視されます。**心に届かせるためには、まず目に届かせる必要がある**からです。

「グーッ」と文章に引き込み「じゃあ」注文しようか、とさせる段階においては、さらに「その部分ごとに読み手にどのような感情変化をさせたいか」を意識することが重要です。

つまり、目を引いたあとに重要なのは、読み手の「感情変化の順序」を意識することなのです。この点に関しては3章で詳しく解説いたします。

儲けのヒント **コピーは行動までの「きっかけ」と位置付ける**

そんな表現があったのか！お客様の心をつかむキャッチコピー41

あの業界の秀逸コピー

●「このワイドテレビなら、お茶の間で家族みんながだんらんできます！」

ジャパネットタカタの宣伝方法が素晴らしいのは、商品のスペックでなく、その商品を購入することで「得られるもの」をわかりやすく伝える消費者目線の解説にあります。

●「自由に選べます！」

●「自分史上1番の素肌へ」（ミュゼプラチナム）

「自分史上」「今よりも」「これまで以上に」「よりいっそう」といった言葉を意識的に使うことが期待感を与えます。比較する手法の1つですが、「これまでの自分」と照らし合わせることにより、ひと言で「ビフォー・アフター」の違いを意識付けることのできる表現です。

●「店長誕生日記念！」

「キャンペーン」や「記念特価セール」には具体的で真実味のあるものも効果的です。

自由といっておきながら、実はこちらで指定した選択肢のなかから選ばなければならないわけであり、相手に抵抗感を抱かせずに、こちらの意図した行動に導くことができるフレーズです。

●「心付け、その他お礼のお品等は一切お断りいたしております。（事務局より）」

美容整形のパンフレットに記載されていたフレーズですが、感謝されているクリニックであることを間接的にアピールする表現です。

●「近くのスーパーでは夜10時になるとお総菜が半額になります！」

ある不動産の物件案内に書かれていたコピーです。物件そのものではなく周辺環境の情報を利用して、ここに住むことの利点をあげるという頭脳的な広告です。

数字を使ったなるほどコピー

●割引額の表現を変える

例えば、次のポップのうちどちらがパンチがあるでしょうか？

A「古本キャンペーン25%OFF！」

B「古本キャンペーン3冊買えば1冊無料！」

内容は同じく25%OFFですが、AよりBのほうがよく売れます。

●「たったの！」を使える金額提示にする

5個入り1000円（1個あたりたったの200円）……このように、初めに大きな金額を提示した後、1つあたりの金額を伝える形にすれば「たったの」という表現が使えるようになるため、より安さを強調できます。

●数字を「2カ所」使う

数字はとても説得力のある表現です。広告の表現を考える場合、数字を使えるようにするにはどうすればいいか？　と自問することが大切です。**「筋力アップのためには下半身を鍛えましょう」とするより「体の筋肉の70％はヘソより下にあります！」という表現の方が注目しやすい**ものです。また、数字を利用する場合に意識すべきは、数字は2つ利用した方が心理的効果が高くなるケースが多いということです。例えば**「7つの法則と50の応用例を大公開！」**といった使い方です。広告を見る際は、数字の使い方に注目しましょう。

●「3カ月で○○キロやせました！」

このフレーズにも、数字が2カ所入ります。ここで重要なのは、期間を示している点です。「いつまでやるの？」の疑問に応える内容にすることは、商品への購入決断を促す働きがあるのです。

●「初」「No.1」「オンリー」をアピールする

人間は「業界初」や「ナンバーワン」「唯一の」といった要素のあるものに惹かれます。大きな分野でナンバーワンなどになることは難しいわけですから、それらを謳えるより小さく絞り込んだカテゴリーに限定すればよいわけです。私のメールマガジンの場合なら、配信スタンド「まぐまぐ」内において、ビジネス分野全体では読者数35位前後ですが、コンサルティング部門に限定すれば「1位」を訴えることができます。

●「世界ナンバーワン」を使える裏ワザ①

商品自体がナンバーワンでなくとも「ギネス世界一〇〇マイスター推薦！」といったように、世界一の人からの推薦をいただいたり、業界1位の権威者を制作スタッフに招くことで「No.1〇〇制作参加!!」のように「世界一」や「日本一」のアイキャッチを利用できます。

●「世界ナンバーワン」を使える裏ワザ②

「この商品は世界一売れている当社の商品です！」とすれば、どこの企業でも商品の紹介に「世界一」の文字を利用できます。（笑）

●出費への抵抗を払拭させるTV通販の演出

出費への抵抗を薄れさせるためには、出費への精神的負担を払拭させるだけの価値を伝えることが必要になりますが、テレビ通販では心を惹き付ける解説をしたあと、最後の最後になり**「今ならこの商品が2つでこのお値段！」**というキラーフレーズを投げ込む演出をしています。行動経済学のプロスペクト理論が発表される前から、このような心理のバランス調整が重要なことを商売の現場ではわかっていたのです。

●「3分に1つ売れている○○」

このように出荷個数を割り算する事で、数字に訴えることができるようになります。

●番号は1から始める必要はない

アイデアマンとしても知られる薬の「マツモトキヨシ」創業者は、初めての店なのに、**いきなり22号店からスタート**させました。番号は1からスタートさせなければならないといった考えは「思い込み」にすぎないと考えるべきです。町名に合わせる番号や国道の番号に合わせる発想でも何でもよいのです。

●「夢の7号が着れた！」

女性にサイズダウンを意識させる、ダイエット業界の分かりやすい表現例です。

●「続編」「パート2」「第2段」

はじめに売れた商品の「続編」にあたる商品を売り出す際「2」という表記にしてしまうと、顧客心理として「1」のほうをまず買おうとします。そのため、どうしても1作目の商品より、第2段の売れ行きは下がります。その対策としては「まったく別の名前を使う」方法があります。また、タイトルに類似性をもたせる作戦も知っておくべきです。例えば「人にはちょっと教えたくない○○の知恵」「人には絶対教えたくない○○のアイデア」「人にはタダでは教えたくない○○ノウハウ」といった展開です。

目からウロコの表現法

●「大」から「小」の順番で比較提示する

人間には、最初に見たものを基準とする心理があります。そのため、初めに提示すべき商品は本来売りたい商品より安い商品ではなく、高い商品を伝える必要があります。すると比較の効果により、後から出される商品はより安く感じるからです。また、**昔ながらの「松・竹・梅」の3段階の価格提示も、中間の「竹」の値段の商品を売りやすくするための提示の演出**です。

●当たり前のこともあえて表示する

複数ある商品のうち、1つの商品のみが**「すべて国産原料を使用しています」**と表示をしていた場合、どのように感じるでしょうか？ おそらく、別の商品については「ひょっとして国産の原料じゃないかも……」と、不安に思うのではないでしょうか。つまり、業界では常識的な内容であったとしても、あえて表示することで、他社の商品を不安に思わせることができる

「優位性形成力」を生むのです。

●買い手の心理に沿って表現する

「フロントホックのブラジャーとは、どんなブラジャーですか？」との質問に対し、女性の多くは「前でつけるブラジャー」と答えるものですが、男性の多くは「前ではずすブラジャー」と答えるものです。効果的な表現を考える場合も受け手が意識している方向の表現を使うべきです。例えば、薄さが求められる商品の説明なら**「厚さ5ミリ」ではなく「薄さ5ミリ」**。

●「無料」ではなく「無料～」

無料のものと有料のもの、１００円のものと１００円以上のものというように、２段階で商品を提供するようにすれば、経営に過度の負担をかけずに目を引く「無料～」や「１００円～」といったアイキャッチの文字を利用することができます。この「～」が月単位、年単位で利益に差をつけるのです。

●「ボジョレー・ヌーボーにピッタリのチーズ」

商品のなかには、その季節や時期の話題に相乗させた呼びかけで需要を高められるものが多く存在します。あらゆる話題に「その話題とうちの商品を便乗させるにはどうすればいいか？」を常に考えることです。

●キーワードを連呼する

「やせる！やせる！どんどんやせる！」「出た！出た！出た！今朝も出た！便秘しらずの○○効果」といったように、印象付けたい単語を連呼する表現は、単純でありながら効果的な表現手法です。

●競い合わせる表現で注目させる

「ゴジラ対メカゴジラ」「○○VS○○」のように、**自社の提供する商品同士を競い合わせる演出をすれば、どちらが勝とうがその企業にとってはプラス**になります。これは、人間のもつ「競い合いやその結果に興味付けられる心理」を突いた集客の演出です。同じく、AKB48の総選挙のようにメンバー内で競い合わせる演出も、誰が何位になろうが利益が増える頭脳的経営戦略です。応援したい心理に訴える作戦であり、集客力を高める作戦であるといえます。

●お客様は「ベテラン」である

「悩みのベテラン」「不幸のベテラン」「ニキビのベテラン」「メタボのベテラン」……このように「○○のベテランのあなたへ」と呼びかけることで、長期に渡りそのことで悩んでいる人を振り向かせることができます。つまり、慢性化しているような悩みの強いお客様にも喜んでいただけるような「効果の高い商品の存在」を間接的に伝えることのできる表現です。また**「ベテラン主婦のあなたへ」**というように、受け手の優越感をくすぐる表現として用いることもできます。結婚10年以上の人を対象とする商品を打ち出すなら「愛のベテラン限定」と銘打つこともできます。良くも悪くも対象とするお客様は「何のベテランか」を考えてみましょう。

●商品ではなく、その奥の目的に訴える

「お客様はドリルが欲しいわけではなく穴が欲しいのだ」というのは、販売における重要な箴言ですが、この考え方はそのまま「効果的な販売コピー」としても応用することができます。**「商品はソファーではなく〝くつろぎ〟」**といった表現を考えてみましょう。

否定することで関心を集めるコピー

●「○○はまだ買うな！」

人間は肯定的な情報以上に、注意を訴える情報により強く反応します。そのため**「○○を買うのはちょっと待った！」「○○の購入はまだ早い！」「○○の購入とご注意」**といったタイトルは反応率を高めます。

●「断る姿勢」が心を引き付ける

「このメールマガジンは健全なマーケティングを目指す方々のための実践型メールマガジンです。儲かればいいといったノウハウばかりを追い求める人は、このメールマガジンにはふさわしくないと思いますので購読解除して下さい。⇓URL」……このような断りを入れることで、大人気のメールマガジンを作り上げた敏腕コンサルタントもおります。

●「募集は終了いたしました」

講座案内が終了した際、その表示の下に**「キャンセルがあった際ご連絡をご希望の方は、こちらのフォームからご登録ください」**と呼び掛けることで、例えキャンセルがなかった場合でも「次回開催の案内」に利用できるなど次につなげることができます。

●「勘違いしていませんか?」

例えば**「人気キーワードと収益キーワードは違うんです!」「経営は集客力だと勘違いしていませんか?」**など自分の常識を疑わせる表現は注目させる効果が高いものです。

人の心理に踏み込むコピー

●不安にさせて購入を急がせるコピー

「脂肪は待ってはくれません」

「毎日、髪の毛は抜けています」

●安心させて相手を動かすコピー

「自信があるから電話はしません」

「当店ではこちらからは声をおかけいたしません」

「出やすい不動産屋をお探しなら」

●「欲望の許可」を明示して安心させる

「チラ見歓迎！　2度見も歓迎！　ガン見はご相談ください……」（キャバクラ）

●「生き物への愛情」を商品に感じさせる

　商品に愛情をもって考えてもらうためには、「擬人化」を用いたコピーを検討してみることです。例えば次のようなCMコピーが参考になるでしょう。「シャンプーのとき、キシキシするたび髪は、泣いている」（花王）、「牛乳に相談だ」（中央酪農会議）、「メガネのシャンプー」（ソフト99コーポレーション）

●人間のもつ「欲ばりな心理」を逆手に取る

　人間は、特典が受けられる個数を限定された場合、その上限まで権利を使い切ろうとする「欲ばりな心理」が働きます。そのため**「特価品につき、お一人様3個までとさせていただきます」**といったポップを商品棚に掲げておくことにより、普段1つでもなかなか売れない商品が3個まとめて買われるようになります。この際「特価品につき」や「試供を兼ねていますので」といった理由をつけることが信憑性を与え、効果を高めます。

●「ハイ」と脳に言わせる質問コピー

「きれいなおねえさんは、好きですか。」（パナソニック・エステジェンヌ)。このように誰もが当然に「ハイ」といってしまう問いかけを用いることで、広告への承認(肯定)を得ることができるという例です。当たり前の問いかけについての「YES」であっても、脳は無意識の中で「商品への肯定」と混同してしまう性質があります。一種の脳の錯覚を応用した高度な広告手法といえます。

記憶に残すイメージ戦略

●脳が反応する「音」を盛り込む

「音」にはそれぞれイメージがあります。ネーミングなどの場合、印象付けやすいのは、初めの音を**「バビブベボ」**などの濁音や**「パピプペポ」**などの拗音にすることです。また、小さな**「ッ」**を入れたり、長音**「ー」**を使って伸ばす、**「ン」**を使うなどの方法も印象付ける効果があります。宗教家や権力者、詐欺師、、アニメの強敵などの多くは、権威づけやすいネーミングとして最後の音を「ー」や「ン」にしています。例えば、日蓮、法然、親鸞、大川隆法、瀬戸内寂聴、織田無道、シーザー、ヒットラー、麻原彰晃、福永法源、ラオウ、サウザー……など。

●イメージを増強させる「体言止め」コピー

「青い空、白い雲」「輝く太陽、光る汗」のように、名詞で終える**「体言止め」**によるコピーは、読み手に強くイメージ付けさせる効果があります。例えば……

「ふえる脂肪、たるむ二の腕、気になるセルロース……せまりくる三重苦！」

これらの表現を使っても不自然でないかどうかによって許れるものです。

●商品のグレードに触れずにイメージアップをはかる食品コピー

「愛情１００％」「情熱品質」「懐かしい味」「地中海風」「我が家の味」

●独特の世界観をイメージさせるには？

商品やサービスに独特の世界観のあることを伝えたいのであれば、「○○ワールドへようこそ！」「○○の世界を実感できる！」といった**「ワールド」**や**「世界」**といった表現の使用を検討してみましょう。個性が際立っているか否かは、

【推薦本の紹介】

◎コピー・広告を学ぶなら

『キャッチコピー力の基本』(川上徹也著・日本実業出版社)
『え!? キャッチコピー変えるだけで売れちゃうの?』(斉藤隆彦著・ナツメ社)
『売り上げがドカンとあがるキャッチコピーの作り方』
(竹内謙礼著・日本経済新聞出版社)
『短くて説得力のある文章の書き方』(中谷彰宏著・ダイヤモンド社)
『「高売れキャッチコピー」がスラスラ書ける本』(加藤洋一著・同文館出版)
『「バカ売れ」キャッチコピーが面白いほど書ける本』(中山マコト著・中経出版)
『「バカ売れ」キラーコピーが面白いほど書ける本』(中山マコト著・中経出版)
『現代広告の心理技術 101』
(ドルー・エリック・ホイットマン著・ダイレクト出版)
『ザ・コピーライティング』(ジョン・ケープルズ著・ダイヤモンド社)
『伝説のコピーライティング実践バイブル』
(ロバート・コリアー著・ダイヤモンド社)

◎制作サンプル・活用法を学ぶなら

『お客のすごい集め方』(阪尾圭司著・ダイヤモンド社)
『バカ売れキーワード 1000』(堀田博和著・中経出版)
『確実に販売につなげる 驚きのレスポンス広告作成術 』
(岩本俊幸著・同文館出版)
『費用対効果が見える広告 レスポンス広告のすべて』(後藤一喜著・翔泳社)
『最新版 売れる & 儲かる! ニュースレター販促術』(米満和彦著・同文館出版)
『バカ売れ DM 集客術』(豊田昭著・中経出版)

3
章

セールス文章
惹きこんで購入させる話の展開

商品の価値にはスペックなどの機能的価値のほか心理的な「ありがたみ」といった情緒的価値が存在します。ここでは商品の情緒的価値を高める文章の展開法を紹介いたします。

セールス文の基本は読み手の気持ちを「下げて、上げて、急がせる」

お客様を買いたい気分にさせるには、商品の長所を語る以前に、2章で解説した通り、お客様の悩みや不安についての理解を示し「共感」を得ることが重要です。**「そうそう」と共感してもらえように、読み手の気持ちを代弁するかのような内容から入る**必要があります。

セールス文章を書くにあたっての基本は、共感を得る内容で心を開かせた後、次の3つのステップで感情変化を順次作ることにあります。

その3つのステップとは、読み手の感情を、**①下げて、②上げて、③急がせる**、こと。

人間は「最悪の状態」と「救済される方法」を、一度に提供されると、感情が乱れ、心に波が生じた状態になります。通常の心理状態では購入に至らない商品でも、心を揺さぶられ心に波を作られた状態の人間は、救いを求めるための行動に出やすくなるのです。よって、セールス文章では、日ごろの悩みがこれからも続いた場合の不幸と、その悩みから解放された明るい未来を、いかにギャップを大きくイメージさせられるかの演出が重要になります。

具体的には**「購入するメリット」と「購入しないことで続く不幸」の両方をイメージさせることです。両面から解説することで、メリットだけを伝えるより2倍の説得力**を与えることができます。

このように心に大きな波を作り、その波の力を利用し「購入」のゴールへと一気に流し込むような展開にします。つまり**「売ろうとする前に、売りやすい心の状態を作れ」**という考え方です。また次の心理を利用し、購入を急がせることも大切です。

人間は「ないものを獲得する欲求」以上に「今あるものを失う不安」に強い反応を示す。

商品の数を限定にしたり、期間限定特典を付けるなどの販売方法を用いることで目の前にあるチャンスを「失う不安」を駆り立てる演出を用いるわけです。これにより、結果として購入決断を促すことになります。人間は忘れる生き物ですから、忘れる前に注文していただく必要があるのです。

儲けのヒント　**売る前にまず「売りやすい心理状態」を作る**

「商品購入前の悲惨さ」と「商品購入後の幸せ」をドラマチックに演出する

ここではセールス文章の導入部分で「共感を得る」ために効果のある題材の例を紹介いたします。おもに「成功ノウハウ」などの情報商材の販売で効果の得られる題材です。

商品購入前の生活と、商品購入後の生活の「差」を効果的に演出するためには、商品購入前の辛かった日々を、読み手が同情するほどの内容で盛り込む必要があります。もちろん、内容が嘘であっては、その後の信用に響きますが、次に掲げるような経験談を思い出し、文章に盛り込むことが読み手の心をつかむことにつながります。

体の変調：辛い日々が続き、体に変調をきたしてしまった話

・ストレスで背中にブツブツができてしまい慢性化
・医者からは原因がよくわからないと告げられ、病院を転々とすることに
・生まれて初めて切れ痔になってしまった
・家に帰れば疲れていつもすぐ爆睡してしまい、そのまま朝を迎える日々の連続
・医者からは軽い鬱だとの診断を受けてしまった

無意識の反射：仕事中の癖を条件反射的に私生活でもしてしまった話

・自宅で電話に出た際に思わず「お電話ありがとうございます」と答えてしまった
・家でドラマを見ていても「課長」という呼び声に、思わず振り向いてしまう自分
・買い物中、レジの店員さんの「1万円札入りま～す」の声に思わず「ハ～イ」

他人からの指摘：気づかなかった事実を指摘されてショックを受けた話

・実家に帰ると「頭にハゲができてる」と言われ、恐る恐る鏡をみると10円ハゲを発見
・知人の男性から「言いにくいけど…」と前置きされ、白髪のひどさを指摘され唖然
・子どもの描いた私の似顔絵がどう見てもシワくちゃのお婆さんだったことに大ショック

「体の変調」「無意識の反射」「他人からの指摘」これらに共通するものはなんでしょう？

実はこれらはすべて、**本人が自覚できていない「潜在意識からの悲鳴」を表現するもの**です。つまり、これらは**自分でもコントロールできない危険な状態であったことを伝える効果的な表現になる**のです。

そのため、商品購入前の悲惨な状態を表す際は、この自覚なき「潜在意識からの悲鳴」を盛り込むことが、商品購入後の「輝かしい日々への転身ぶり」をドラマチックなまでに演出する効果を与えます。

儲けのヒント **共感を得る内容と商品購入前の状態を組み合わせることもできる**

効果的に「感情の波」を作る「7つのステップ」

「下げて」「上げて」「急がせる」３ステップをさきほど紹介しましたが、この３ステップは、さらに7つのステップに分類できます。これはテレビ通販でも利用されている表現順序です。

セールス文章のなかで、情報を提示する「順序」と、その各段階において読み手に感じてもらいたい「反応」、さらに各段階ごとに伝えるべき「内容」は次のとおりです。

①目をひく…「おっ」

抱えている問題を認識させ注目させる

②共感………「そうそう」

その悩みの持ち主ならわかる不幸を伝える

広告から固定客化までの感情変化

〝ルート曲線理論〟

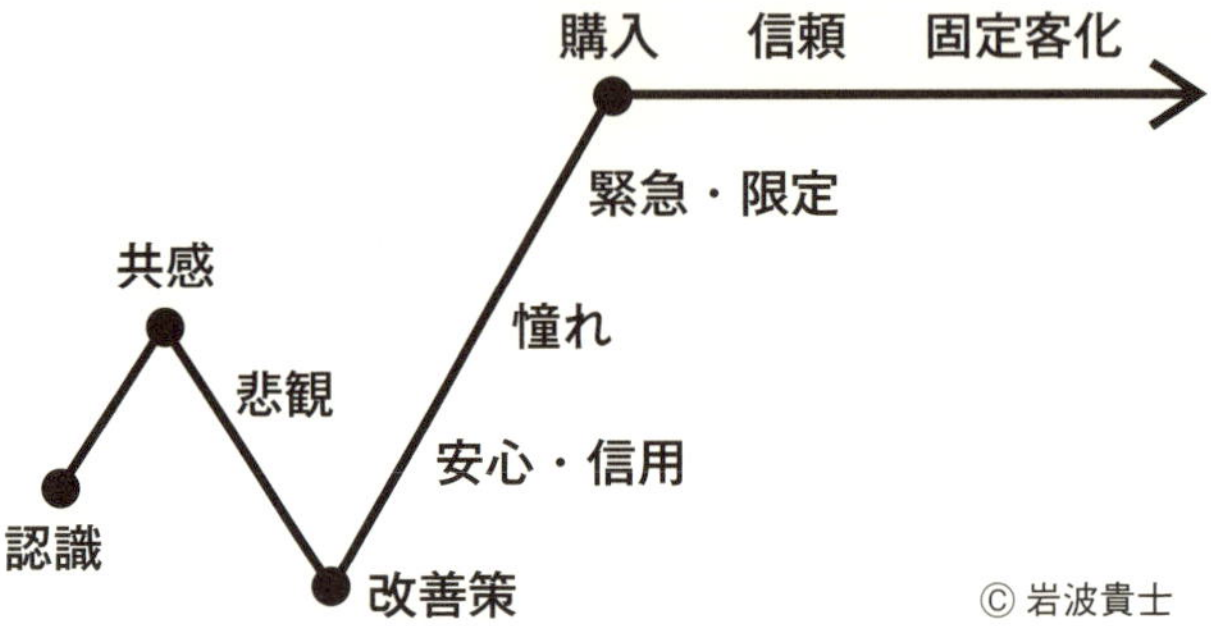

©岩波貴士

③悲観……**「え～」**
更なる不幸の可能性を伝え不安をあおる

④改善策……**「何っ!!」**
改善できる商品の存在と効果を伝える

⑤安心……**「なるほど!」**
推薦文や利用者の声などを証拠とともに提示する

⑥憧れ……**「お～」**
改善された生活をイメージさせる

⑦行動……**「じゃあ」**
限定特典とともに電話番号を伝えるなど行動を促す

７ステップで文章展開させる

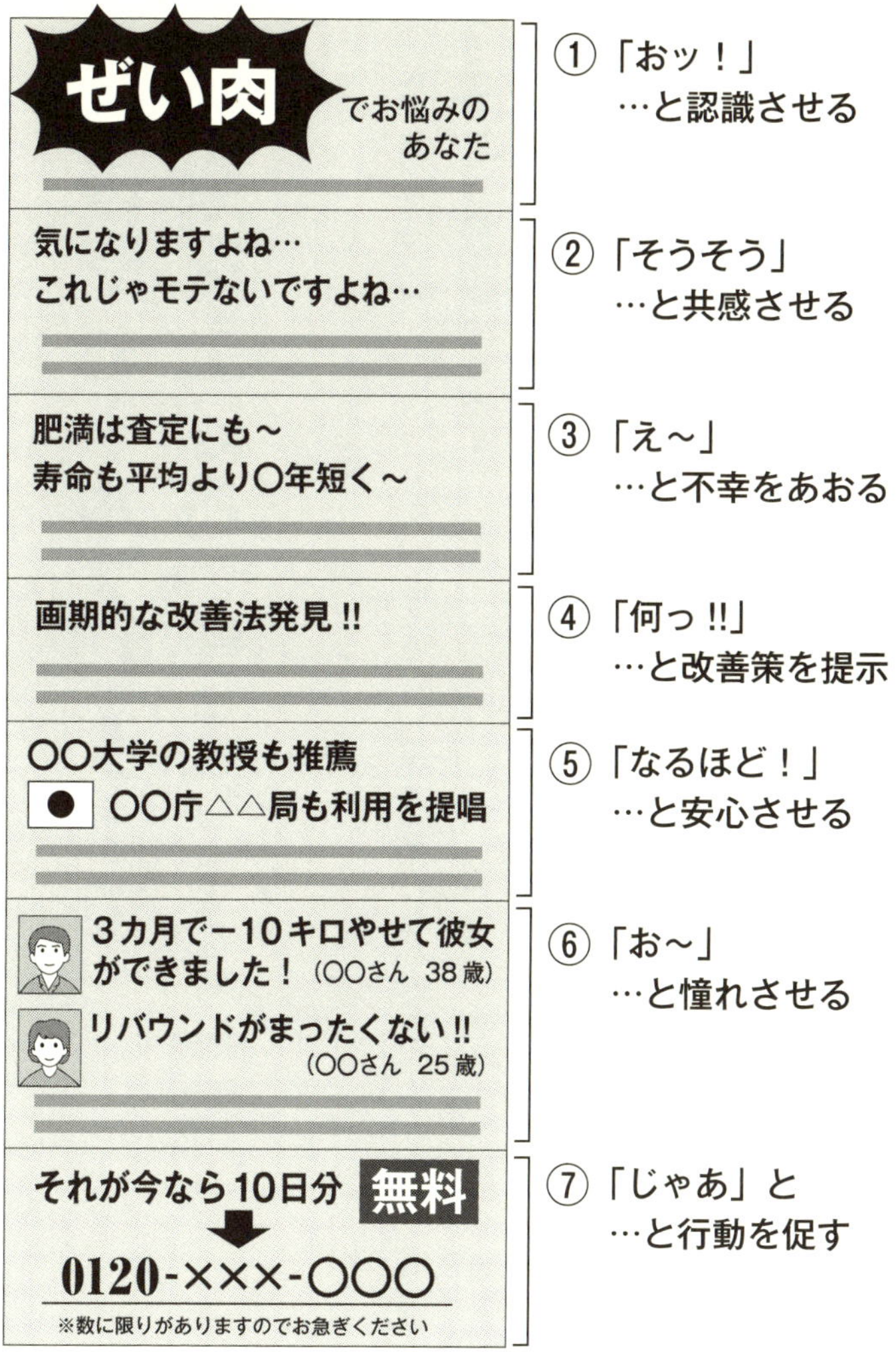
ぜい肉
でお悩みの
あなた
①「おッ！」
…と認識させる
気になりますよね…
これじゃモテないですよね…
②「そうそう」
…と共感させる
肥満は査定にも～
寿命も平均より○年短く～
③「え～」
…と不幸をあおる
画期的な改善法発見 !!
④「何っ !!」
…と改善策を提示
○○大学の教授も推薦
○○庁△△局も利用を提唱
⑤「なるほど！」
…と安心させる
３カ月でー10キロやせて彼女ができました！（○○さん 38歳）
リバウンドがまったくない !!（○○さん 25歳）
⑥「お～」
…と憧れさせる
それが今なら10日分
無料
0120-×××-○○○
※数に限りがありますのでお急ぎください
⑦「じゃあ」と
…と行動を促す

広告やセールスレターで効果を上げる「キーワード一覧」

広告やセールスレターを考える際、このフレーズを使わずには文章は作れないといえるほど重要なものがあります。これらのフレーズは**感情を購入に向かわせる「脳への信号」といえるほど重要な役割を果たす**ものです。

オノマトペ表現…ピッタリ　スッキリ　サッと　ササッと　パッと　ピタッ　ポン！　ラクラク　スイスイ　プルプル　プルンプルン　もっちり　しっとり　ヒタヒタ　ツルツル　スベスベ　うるうる　うるるん　ふわふわ　サクサク　キュッと　キュキュッと　ギュ～と　ピカピカ　ピッカピカ！　どしどし　どんどん　グイグイ　ホカホカ　ポッカポッカ…など

感嘆語・感嘆文…なんと！　えッ！　ウソ～　うわ～　ビックリ!!　危ない！　ひどい

キーワード……あらあら　トホホ　たった　たったの　まさか…など

驚きの　驚異の　驚愕の　夢の　憧れの　成功　達成　実現　解禁　お悩み　不安　心配　危険　大変　記念　感謝　無理なく　ワンタッチ　コンパクト　フィット　簡単　便利　選べる　楽ちん　楽しく　安心　安全　認定　合格　推薦　特許　ツヤ　うるおい　張り　弾力　長持ち　それだけではありません　ご存じですか？　気になりませんか？　ご覧ください　見てください　注目！　2倍　W　Wの効果　倍！　2個で3個まで　更にもう1つ　まとめて　セットで　自由自在　自由　今なら限り　限定　無料　お試し　お試し用　お試し価格　はじめての方に限り　初回限定　初回のみ　ご注意　今すぐお電話　お電話お待ちしております　数に限りがございます　このチャンスをお見逃しなく…など

接続詞・副詞……でも　しかし　ところが　だけで　～するだけで　これだけ　これさえ　～のみ　すぐに　いつでも　どこでも　だれにでも　そこで　だから　そのため　なので　そして　さらに　しかも　そのうえ　さらにさらにただし…など

文中に「感嘆語」や「オノマトペ（擬音など）」を利用することが効果的なのは、**これらの表現を読むと、あたかも自分自身がそのような言葉を発したように脳が錯覚**するためだと考えます。

つまり、人間を動かすのは、自身の心のなかから発せられた内発的情報であり、これらの言葉はその内発的情報に近い存在だからです。

儲けのヒント **説明するのではなく買いたい気分を作る**

ビフォー・アフターのギャップを効果的に伝える表現例

商品の販売文章では、購入前と購入後の「差」を効果的に伝える方法を考える必要がありますが、ある程度のスペースが使えるのであれば「成功にいたるまでの思い出話」を長文で伝えた後、次の「キラーフレーズ」を挿し込む展開にしてみましょう。

「そのキッカケをくれたのが〝この商品〟だったんです！」
「そんな私が、今のようになれたのは〝この商品〟のお陰です」

つまり、商品については一切触れず、まずは「その人物の人生」をドラマチックなまでに紹介し、今の成功を手に入れる「ターニングポイント」的役割を果たしたのが「実はこの商品のお陰だったんです」という展開で文章を進めていくわけです。

また、次のような「韻を踏んだ表現」つまり音の重なりを利用する表現方法も、ビフォー・アフターの違いを効果的に記憶付ける有効な方法です。

「つい数年前、崖っぷちに立たされていた私が、
今はこの成功ノウハウを広めるため教壇の上に立っています」

つまり「崖っぷちに立たされていた」という表現と「教壇の上に立っている」という韻

を踏んだ表現が、生活の転身ぶりをわかりやすく伝えるのです。言葉遊びと思えるかもしれませんが「韻を踏んだ表現」はギャップの大きさを効果的に伝えるのです。別の例では……

「勤め人時代はクレーム処理に明け暮れていた私が、今では、社長仲間とのパーティーに明け暮れる毎日です」↓明け暮れるの重複

「胃がキリキリするような貧乏生活をしていた私が、今では、財布がウハウハの日々を過ごしています」↓キリキリとウハウハ

韻を踏む表現の事例集としては、『超「高速」仕事術』（西村克己著・成美堂出版）の小見出しの大半がそのような表現でつくられていますのでお薦めいたします。

儲けのヒント **あなたの人生の「ターニングポイント」になる商品だと感じさせる**

比較対象を用意することで、説得力を強める

人が判断に迷うのは、そのミスにともなう「責任への恐怖」です。そのため、売る側は、買い手の抱く責任への恐怖を取り除くだけの「根拠」を提示する必要があります。では、その判断の根拠となる強力な情報とは何でしょうか？

それは**「別のものとの比較」**です。比較によって、最善のものであるとわかれば責任への恐怖は薄れ安心して商品を購入できるようになります。

購入決断は価格のみによって決定されるわけではありません。しかし、その分野についてあまり詳しくない方にしてみれば**「その業界における相場」のような「一応の目安」が欲しい**ものです。例えば営業の場面でもライバル業者を引き合いに出し、そちらと比較す

る事で、価格への妥当性を高めることができます。
その業界における相場を理解していただくことで、その分野の商品を購入する際の覚悟の度合いを理解していただけるようになるわけです。この理解が得られることで、その後に説明する商品の利点が、本当に利点として聞こえるようになるのです。

比較を用いる場合は、よりアカデミックで堅実なものと比べるべきです。

例えば、ＤＶＤの教材を販売するのであれば「大学の授業は90分の授業1回あたり、国公立でおよそ３５００円、私立文系で５０００円程度かかります」といったように、世間がすでにその価値を承認しているものを引き合いに出すことです。

このようにアカデミックな内容を引き合いに利用すれば「一般的な大学の講義ですら、それぐらいの価値として世間では認識されている」と感心させることができます。扱う教材の特殊性や希少性をより強く訴えることができ、**強気な価格設定をしている商品でも説得しやすくなる**というわけです。

「比較」や「一覧」「ランキング」といった言葉は、「口コミ」や「評判」と同じようにネット上で商品を調べる際に利用される代表的な「複合キーワード」でもあります。

つまり、それだけ人間は「別のものとの比較」に関心を示すということです。

儲けのヒント 比較を用いた説明が購入決断を促す

現実から引き離すことで現実的なリスクを忘れさせる

アニメ映画の巨匠、宮崎駿氏の作品には必ず「飛行機」など空を飛ぶ乗り物が登場します。飛行機を作品に登場させることにより、飛行機から見える非日常的な視点で映像を表現できるからです。

つまり、空の上から見た地上の風景など、地上とは異なる視点からの景色を表現することで、観客に日常生活では得られない特別な感覚をいだかせることができます。

映画やドラマの世界では、現代ではない過去の時代や未来を描いた作品が多く存在します。こちらは非日常的な「時代」の観点から、映画やドラマを見る人に普段の生活から離れた世界を楽しませているわけです。

日常の感覚とは異なる感覚を与えられることに脳は喜ぶのです。脳が喜ぶ環境を提供しながらメッセージを伝えれば、脳はそのメッセージをも受け入れやすくなるものです。

言葉や文章を書く場合、**過去や未来をイメージさせ、また悩みが解消された状態などをイメージさせることが購入決断を促す**ことになるのです。悪くいえば、**現実から一時的に引き離すことで出費という現実的なリスクを忘れさせることができる**のです。

この「現実から引き離す」具体的なテクニックとしては、**歴史を引き合いに出すことによって現実逃避させる**次に紹介するような方法があります。

儲けのヒント **非日常的な話で、現実的負担から意識をそらす**

歴史を引き合いに出して「現実逃避」させるテクニック

「古来よりニンニクは健康によいとされ、エジプトのピラミット建築でもそこで働く労働者が…」といった、歴史的伝承を引き合いに出す広告文をよくみかけます。

ここでは、通販広告で頻繁に利用される、日本人の感心を惹きつける歴史関連のキーワードをご紹介いたします。

おもに「気の持たせよう」が商品価値に直結する「ラッキーアイテム業界」や「健康食品業界」などで多く利用されるキーワードです。

古代エジプト　クレオパトラ　ナポレオン　インカ帝国　マヤ文明
孔子　秦の始皇帝　楊貴妃　古代中国宮廷　ローマ帝国　アメリカ海軍
イギリス海軍　ルイ・14世　マリー・アントワネット
卑弥呼　聖徳太子　徳川家康　織田信長　豊臣秀吉　武田信玄　……など

「秦の始皇帝も愛用したといわれる幻の～」「古代ローマ帝国では～」「卑弥呼も呪術の際に～」などといわれると、なんだか凄い商品のように思えてしまいます。

また、歴史的キーワードではありませんが、ＮＡＳＡ（アメリカ航空宇宙局）など超最先端シンクタンク（研究機関）が開発したものであれば、その団体の「ボツネタ的技術」でも、なぜか日本人は注目してしまう傾向にあります。

儲けのヒント　**スケールの大きな話をすることで出費を小さくみせる**

「否定的な意見」を取り入れて説得力を高める

レビュー記事を書く際に大切なのは「否定的な部分についても触れること」です。人間はすべて肯定的な意見のみで書かれた文章は信用しにくいのです。

レビュー記事を読む人が探しているのは、「客観的で公平な人物からの意見」です。そのような人物であるかを知る手掛かりが、否定的な部分についても解説できる人であるかどうかなのです。**情報は「内容」プラス「信憑性」の2つがそろって意味をなす**ものだからです。

否定を使ったレビューは、特に教材の販売などに有効です。この場合、次の流れで文章を構成することで、話に信憑性が加わり購入決断を促します。

①文中で否定的な部分を数カ所あげ、理由とともに説明する。

②その後次の「キラーフレーズ」を投入する。

「しかし、これ以外にはまったく問題点を発見することができませんでした」

③類似の商品には、数えあげれば切りがないほど問題点があったことを説明する

つまり、否定個所を指摘して信憑性をもたせた後「さまざまな商品を見てきた経験者としては、かなりの完成度であるといえ、推薦できる」という展開にするわけです。これも**相手の感情を「下げてから上げる手法」**の応用といえるものです。

儲けのヒント **否定部分についても触れることが話の信憑性を生む**

商品を否定しつつも購入に至らせる裏ワザ文章術

悩みに対し**「心配してあげる気持ち」**は相手の心を開きます。

「心配」は「心配り」であり、心を分けてくれた人に対しては、受け手の側も心を開くことで応えようとするのです。

また**「失敗談を語ること」**も相手が同じミスをしないための心配りのようなものです。

人間は自分より優れている人をうらやんだり警戒するものですが、失敗談をさらけだす相手は、その真逆で人を安心させる効果があります。「自慢話に利点なし」といいますが、失敗談には心を開かせる力があります。

また**人間は「注意を促す情報」に反応します。**心配してくれる相手に心を開くのと同様に「注意を促す情報」に対しては反応を示すものです。

そのため、商品の購入を検討している人間にとっては、商品を推薦する情報以上に、商品を購入して失敗しないためのマイナス情報のほうにより強く興味を示すのです。

この心理を理解していれば、ブログなどで商品を紹介する場合、タイトルに**「商品を否定するキーワード」を利用したほうがアクセス数を増やせる**とわかります。例えば次のようなタイトルを使います。

「(商品名) 購入したけど大失敗!」「(商品名) あまり語られない注意点」

「(商品名) 口コミ　私は否定派です」「(商品名) やめて正解の理由」

しかし、このようなフレーズでアクセス数を増やしても、本文のなかでは最終的に購入を促す形に話を進めなければ、アフィリエイターとしては商品自体からは広告収入が得られないことになります。

否定的なタイトルでページまで誘導した後は、最終的に購入を促す形の文章展開にしなければなりません。

そのためには**「多くの人が気にしない点についての否定意見」を述べる形にするか「多くの人なら回避できる点での個人的な失敗談」などを書く**ことです。例えば次のような書き出しで話を進めれば、文章全体としては商品を大絶賛していることが伝わります。

「購入して大失敗しました。これほど便利で素晴らしい商品なのに、目立とうとして、男なのにピンク色を選んでしまったのです」……など。

儲けのヒント　人の持つ否定的意見に反応する心理を利用する

感動を引き出す「まさか！」の演出法とは？

お客様や広告文章の読み手に「驚き」や「感動」を与えるための手法として、覚えておくべき考え方があります。それは次のような流れをつくることです。

A：「やあ、お久しぶり～」
B：「おぉ～元気そうだな。最近どう？」
A：「実はオレさ、先月とうとうパパになったんだよ」
B：「エッ？　お前、子ども生まれたのか。おめでとう！」
「で、男の子、女の子、どっち？」
A：「ああ、両方だよ」
B：「うおぉぉぉぉぉぉぉ～！」

これが人が感動する1つのパターンです。つまり、受け手の想像を超えた提供を心掛けることです。敏腕コンサルタントの大久保一彦氏の著書（『繁盛の天才 2時間の教え』三笠書房）にも次のような名言があります。

「お客様が「二度、驚く」。それを「感動」と言う」

儲けのヒント　期待を超えたところに感動は生まれる

「商品がタダで手に入る」という キラーフレーズ

池波正太郎の原作の時代劇「仕掛人・藤枝梅安」のなかで、殺しのテクニックが語られていました。そこには「人を刺すときは呼吸を読んで、息を吐き切ったときに刺せ」という教えでした。息を吐き切った後だと声が出せないため、相手に騒がれずに殺せるというわけです。この殺し屋のテクニックは、広告におけるキラーフレーズとしても応用できるものです。その方法は……

読み手に「へ～」といわせたあとに「キラーフレーズ」を投げ込むというものです。

例えば、楽天市場で販売している2000円程度の商品の紹介記事を書く場合なら、まず、その商品の使い心地や豆知識、あまり知られていない長所などについて詳しく説明し、読者から「へ～」を勝ち取ります。そして、次のキラーフレーズにつなげます。

「実は今なら、この商品がタダで手に入る方法があるんです！」

興味づけられたあとで、このフレーズを出されると、読み手は**「ナニ!?」「まさか！」**となります。

種明かしをするように、申込者に2000円分のポイントが入る「楽天カード」の新規会員募集のページを紹介するわけですが、カードを新規申し込みした場合、その特典ポイントにより「実質タダ」でその商品を手に入れることができるというわけです。

結果として、紹介したアフィリエイターである私にも１５００円分のポイントが入ることになります。

この「カードの申し込みに誘導するテクニック」は、どのような商品の紹介にも使えるという長所があります。楽天カードだけではなく、すべてポイント付きのカードの申請に応用の利くテクニックです。

もし、購入者に入るポイントが２０００円分で、購入する商品が４０００円なら「この商品を半額で手に入れる方法があります！」という具合に言葉を換えればよいわけです。

アフィリエイトビジネスを行っているのであれば、この「実は今ならこの商品をタダで手に入る方法があるんです！」というキラーフレーズは覚えておくとよいでしょう。

儲けのヒント 解説は驚きのフレーズを効果的に使うためにある

人は「安心・安全」を得られなければ、買わない

購入を促すためには、よさを伝えること以上に「断られる理由をつぶしていく」という考え方をすることが重要です。また商品を改良するときも「今よりも喜ばれるためには」と考えると同時に「断られる理由をつぶす」視点も持つことです。

例えば、**購入をためらう理由の多くは「出費への抵抗」**です。そうであるなら「出費への抵抗をつぶす提案」を広告に取り入れることが、注文件数を増やすことにつながるとわかります。

販売手法においては、次のフレーズを広告文に挿入することが、出費への抵抗をなくすためには最善の策であるとされています。

「もし商品がお気に召さない場合は、使用したあとでも全額返金いたします」

注文件数の増加分と返品件数の割合を計算した場合、返品可能にしたほうがトータルでプラスになるケースも多いのです。

アメリカの通販業者では、**返品可能期間を1年以内という長期なものに変更したところ、これまでより注文が増えたばかりか返品される個数も減った**という事例もあります。長期にすることで、お客様が返品すること自体を忘れてしまうためだと考えられています。

また、出費への抵抗をなくす例として、物販において革新的とされたものに次のフレーズがあります。家電の量販店などでよく用いられていますが、

「3000円追加で保証期間を5年に延長できます」

これも「安心」を提供する事で利益を増やす自社保証を利用した呼びかけです。

儲けのヒント　安心保証が人の行動を促す

「国からの推薦」的な表現を利用する裏ワザとは？

ここでは、資金をかけずに利用できる、効果的な**「文章や商品への権威付け」**の方法を2つご紹介いたします。

行政機関のデータを引き合いに出す

「総務省の発表によれば、日本人の平均通勤時間は79分になるそうです。しかも首都圏に限ればさらに長くなるといいます。これは1カ月に換算すれば40時間になることを意味し、1年では、なんと約４８０時間になることを意味しています」

このように行政機関発表のデータを引き合いにだした後、その時間を有効活用するための商品の解説につなげれば**「商品の存在意義」**を高めることができるというわけです。

行政機関が推奨する「努力目標」を引き合いに出す

以下は、某飲食店チェーンにおける「野菜カレー」の店内ポスターでの表記例です。

厚生労働省推薦「健康日本21」が推奨する

「1日の野菜摂取量350g」の半分が入っています。

つまり「あなた」の携わる業界の、**関係省庁や推薦団体の発表した「努力目標」や「統計データ」などを利用することにより「関係省庁の名称入り」で推薦や推奨の文字を広告や文章に記載できるようになる**ということです。これは単なる「権威付け」だけではなく、業界動向などを考慮にいれた「健全経営」をしている企業であることを間接的に伝える効果もあり、企業が本来目指すべき経営スタイルでもあります。

効果的な演出を加えるなら、これらの推薦的表現を利用するときに「それらしいロゴマーク」をこちらで制作し、合わせて掲載しておくことです。

注意点としては、ロゴマークのなかにその業界団体名は入れないことです。ロゴマークは、あくまでイメージの領域に留めておく必要があり、当該業界団体から直接推薦を受けている商品のごとく誤認させるような表記であってはなりません。

儲けのヒント
関係省庁のデータを引き合いに出し信憑性を高める

日本人が喜ぶテーマを文章にふんだんに盛り込む

文章を書くに当たっては、読み手がどのような内容に関心を示すか把握しておくことが大切です。読ませる文章を書く秘訣は、書き手が書きたいことを書くのではなく**「読み手が読みたいことを書く」**ことにあるからです。

生活のなかで効率よく情報を集めるには**一度自分なりの着眼点をリストアップしておくこと**が大切です。以下は、私が生活のなかで意識しているテーマの一覧です。

□アイデアの話
□新技術・法改正
□法則・統計・予測の話
□リスト・一覧
□失敗談と対策
□心理学・脳科学の意見
□生物界の知恵
□驚きの体験談
□芸術分野からの視点
□腹立たしい話
□裏ワザ・マル得情報
□能率と節約の話
□広告と表現
□数字にまつわる話
□比較・ランキング
□日本人論
□名言・例え話
□食べ物の話
□小話や笑い話
□雑学やクイズ
□新語・造語
□役立つ情報源
□プロの知恵・異業種の知恵
□道具の話
□質問のパターンと回答例
□新しい不安材料と対策
□海外の反応・外国人の意見
□エピソード・逸話・由来
□時間と寿命の話
□アニメ・ドラマ・映画の話
□美容と健康
□迷信や縁起かつぎ
□読書の啓蒙に役立つ話

特に**日本人は「海外からの日本の評価」や「日本人の特徴」などの評価を伝える情報に対し関心を示す傾向がある**ようです。このような日本人の特性を1つ知っているだけでも、マスコミを引きつける広告作成のヒントなります。

例えば、浅草の天ぷら屋さんなら「チャップリンもこよなく愛した日本の海老天」といった英文表記のメッセージとともに、チャップリンの写真を入れたポスターを店頭に掲げておけば、外国人観光客が立ち止まりますから「外国人に大人気の天ぷら屋」というテレビ取材などがされやすい演出が考えられるわけです。

日本に来たチャップリンは、帰国の際、日本の海老天が食べられなくなると大変悲しんだといいます。

儲けのヒント　**「読み手が好む話題」をリストアップし情報感度を高める**

ドキッとさせる「メールの件名」で惹きつける

件名：訴えます

件名：規約違反です
件名：権利侵害です
件名：失礼です
件名：礼儀を守ってください　……など

ネットビジネス先進国のアメリカで開封率を高める効果が実証されたため、日本でもそれを真似た「受け手がゾッとするタイトル」のメールが時折届きます。

しかし、みなさんもそうだと思いますが、私の場合このような失礼なメールを送りつける相手からは商品を購入しようとは決して思いません。

ただ、このような失礼なメールからも学ぶべき点はあります。つまり**「人間は権利や地位の侵害」や「礼儀にまつわる指摘」などには反応しやすい**ということです。

この心理を理解していれば、受け手の心理を逆なでするような使い方でなくとも、それに近い効果を得られる表現を考え出すことができます。例えば次のような表現です。

件名：訴えられました

件名：規約違反を知らずに削除されました
件名：Ｇｏｏｇｌｅから警告がきました
件名：失礼に気づきました
件名：空き巣に入られました
件名：財布を落としてしまいました　……など

例え自分に向けられた指摘でなくとも、送り手や他人の「権利や地位の失効」や「失敗談」などには反応しやすいのです。このような情報は他人事でありながら、深層意識下で自分自身と相手の立場を「比較する心理」が働くからです。

いい換えれば、他人の失敗談や、権利や地位を失うことになった話は「可哀そうな話」であると同時に、心のどこかで「自身に優越感を感じさせる話」でもあります。

間接的に「優越感を与える言葉」は人を惹きつけるのです。そのような屈折した人間心理の存在を理解できれば、次のような件名にも同じような効果があることがわかります。

件名：謝罪

「謝罪」や「おわび」の文字は、メールの件名に限らず、折り込みチラシのキャッチなどとしても効果の高い表現です。

人気の回転すし店のチラシでは、大きな「謝罪」の文字の下に**「いつも店頭に並ばせてしまい申し訳ございません」**とつなげていました。「いつも大繁盛の人気店」であることを間接的に伝えるすぐれた広告です。

儲けのヒント **地位や礼儀にまつわる話に人は興味を示す**

そんな展開があったのか！読ませる文章の鉄則16

読み手をグッと引きこむ文章構成

●文章の良し悪しは「記憶に残る」かどうか

良い文章の定義はさまざまですが、私が思う広告文章の良し悪しは「記憶にのこりやすい文章か」「行動を促す文章か」です。このように考えれば「短く」「わかりやすく」「易しく」といった必要とされる要件が「おのずと」導き出せるはずです。要は**「脳へプログラミングしやすい文章か」**ということであり、「影響力」を与えるかどうかというのが基準となります。

●「小さな質問と解答」式なら書き進めやすい

キリストは他人からの問いかけに対しては「例え話」を使い説明するほか「質問を返す」という方法を多く利用していたといいます。質問の投げかけは多くのことを語るより説得力を生むことも多いのです。広告文章や営業トークのなかでも、この質問を投げかける方法は大いに活用すべきです。商材ごとにおおよそのお客様の悩みや疑問は把握できているはずですから、文章に質問と解答というスタイルを使うことはそれほど難しくないでしょう。この方法で購入意欲をそそる文章を書くことができます。

「小さな質問の投げかけ」によって、ポイントを的確に伝えることができるからです。

●「1人ボケ・ツッコミ」で面白味をだす

「はたしてこの問題を見過ごしてしまってよいものでしょうか？　いいえ、決してそのようなことがあってはなりません。では、このような場合○○と考えるのはどうでしょう？　これでは、まるで小学生の回答です……」

このように「1人2役」ないしは「1人ボケ・ツッコミ」といえる文章展開で成功しているブログの例もあります。**人間は他人の「思考のプロセス」を知りたい**ものです。この1人2役型の文章は、思考のプロセスを学ぶことができるため人気が出るのです。

盛り込むべき情報とは？

●「意図した感情」を作りだす言葉

「**えッ、これでインスタント？**」「**これは便利！**」など、お客様に心のなかでつぶやいてもらいたいフレーズをこちらで作りコピーとして伝えることで、あたかも自分がそのように感じたように思わせることができます。これは本文で紹介した「脳の錯覚」を利用した手法の応用です。つまり、内面から発せられる情報（内発的情報）をこちらで提供し、そのように自分自身が感じたように錯覚させるというわけです。

●まず「無料」の言葉で接近する

いきなり「お申込みはこちら！」と指示するのではなく**「無料サンプル」や「資料請求」といった段階を踏んだ負担をかけさせない言葉**でさそいます。販売に直結する広告はイメージ広告ではなく「無料」を利用し「アクション」をおこさせ「見込み客リスト」を集める広告です。

●ニュース性のある情報を入れる

私は本の価値を計る1つの方法として**「この本からクイズはいくつ作れるか？」**という問いかけをしています。発見や驚きの多い本は、例外なくクイズの問題が作れるものです。読者を喜ばす文章も「発見」や「驚き」の内容が含まれているものです。それらは知識としての「新しさ」とも呼べます。ブログなどの文章を書く際も、読者の知らない新しいクイズを出題するような気概を持って書くようにすれば文章の価値は高められるはずです。文章を書く際は、**読み手にとっての「ニュース性」を意識することが大切**だということです。

●「ビフォー・アフター」などの比較を用いる

ビフォー・アフターをひと目でわかるようにするには「写真を用いる」方法のほか「失敗者と成功者を分けるものとは？」といった疑問の投げかけや「不幸な未来と輝かしい未来」を対比させる表現、また「購入によって得られるものと購入しないことにより失うもの」というように、相反する2つの方向から解説することで、心の振り幅を2倍にでき、より効果的に購入決断へ心理誘導することができます。

●件名や文章内には、相手の「名前」を入れる

デール・カーネギーの言葉に**「名前は当人にとって最も快い、最も大切な響きを持つ言葉である」**というものがあります。つまり、その人の名前はその人にとって最も反応しやすい言葉なのです。そのため、メールの件名や文章のなかには「その人の名前」を入れるべきです。

●「造語」で「新しさ」を作りだす

人間には**「新奇性欲求」**というものがあります。これは、新しいものや奇抜なものに興味を抱く性質ですが、**商品イメージを新しいものに感じさせるためにも「名称の変更」や「造語」を用いることが有効**です。流行を追うファッション業界では、同じ袖なしの上着も「チョッキ」「ベスト」「ジレ」のようにさまざまな呼び名に変わっています。中身はほとんど同じでも、新しい呼び名や造語を使うことで「なにそれ?」と関心を引くことができるのです。

●商品でなく、その奥の目的に訴える

「お客様はドリルが欲しいわけではなく穴が欲しいのだ」というのは、販売における重要な箴言ですが、この考え方はそのまま「効果的な販売コピー」としても応用することができます。**「商品はソファーではなく〝くつろぎ〟」**といった考え方を表現してみましょう。

●「私も使ってます！」のキラーフレーズを広告でさらに効果的に使う裏ワザ！

広告に「利用者の声」を載せることは大変重要なことですが、単純な工夫で愛用ぶりを効果的に伝える裏ワザがあります。証拠写真とともに次の言葉を掲載してみましょう……

「私は2個使っています！」

うまい接続の言葉

●「それと同じで…」で話を無理矢理つなげる

共通点が1カ所でもあれば、まったく関係ない話からでも本題につなげることができます。

インターネットのSEO対策上、ブログにある**程度の文字数を書かなければならない場合、この「それと同じで……」を使い文章をつなげることで文字数を増やす**ことができます。ややこじつけがましい文章になりますが**「魔法のつなぎ言葉」**として重宝します。私はこの作戦を朝礼のネタに困った際もよく利用していました。

●広告文章における「接続詞の意味」

「そこで」「しかも」「さらに」「そのうえ」「さらにさらに」「だから」といった接続詞は、文章をつなげるための接続の言葉というだけでなく、購入決断を正当化するだけの根拠が存在することを脳に印象付けるための意味もあるのです。そのため、**これらの接続詞は、文字のサイ**

ズを大きくし、色も変えるなど強調することが必要です。

文章を書くための心がまえ

●文章には配慮を忘れない

自分の意見を述べる場合、何も考えずにいい切るのではなく、次の言葉を挿入すべきではないかと考えてみるべきです。**「置かれた立場によって感じ方はさまざまだと思いますが」「人によって考え方が異なる分野ですが」「地域差もあり一概にはいえませんが」**など。文章は大勢の人が目にするものですから、立場や環境によっては「失礼」にあたることも多いものです。**「いい切ること」は書き手の意見を明確にするためには大切**ですが、差別につながるデリケートな分野には配慮が必要です。

●私生活と文章は切り離してよい

「天は人の上に人を造らず人の下に人を造らず」といって平等を説いた福沢諭吉でさえ、いざ自分の娘が彼氏を連れてきた際には「身分違いだ！」といって追い返してしまったといいます。しかし福沢諭吉の偉大な功績は変わることがありません。世の中に投げかけた『学問のすすめ』の考え方は今もなお価値あるものとして健在です。文章を書く際は、私生活のなかで自分ができていることかどうかを考慮する必要はありません。意識すべきは読み手にとって価値ある内容かどうかです。人格と文章は切り離してよいのです。

●ブログの記事が書けないときの奥の手

ブログの記事などが書けないと悩むときは**「腹立たしい情報」を探す**ことです。反発したくなるニュースや他人の意見に触れるようにすれば、いいたいことや書きたいことはおのずと湧き出てくるものです。相容れないことに対して「反発したくなる人間心理」を利用するわけです。

【推薦本の紹介】

◎文章術を学びたいなら

『10倍売る人の文章術』（ジョセフ・シュガーマン著・PHP研究所）
『究極のセールスレター』（ダン・ケネディ著・東洋経済新報社）
『セールス文章実践ドリル』（竹内謙礼著・アスキー）
『成約率が20倍になった「セールスレター」の秘密』
（宮川明、濱田昇著・秀和システム）
『思いどおりに人を動かすブラック文章術』（内藤誼人著・あさ出版）
『セールスライティング・ハンドブック』（ロバート・W・ブライ著・翔泳社）
『書いて売れ！』（堀内伸浩著・明日香出版社）
『読ませるブログ』（樋口裕一著・ベストセラーズ）
『伝わる・揺さぶる！ 文章を書く』（山田ズーニー著・PHP研究所）
『ソーシャルメディアで伝わる文章術』（前田めぐる著・秀和システム）
『お客様から選ばれるウェブ文章術』（平野友朗著・日本実業出版社）
『「頭がいい」と思わせる文章術』（竹内謙礼著・PHP研究所）
『文章力の基本』（阿部紘久著・日本実業出版社）
『伝わる！文章力が身につく本』（小笠原信之著・高橋書店）
『図解 大人の「説明力!」』（開米瑞浩著・青春出版社）
『頭がいい人の文章の書き方』（日本語倶楽部ほか著・河出書房新社）
『ビジネス説得学辞典』（内藤誼人著・ダイヤモンド社）

終章

心が開けば、財布が開く

適切な言葉を選ぶためには、言葉をどのような目的のために利用するのかを知らなければなりません。本章では心理を動かすキーワードと人のもつ欲求について解説いたします。

人間の欲求を知ればおのずと言葉は浮かんでくる

3章までは、販売に携わる人間が活用すべき重要なフレーズや、表現の展開方法などを紹介してきました。本章では、それらの言葉が人間の持つどのような欲求に訴えるものであるかを、理解しやすいよう分類して紹介します。さらにそれをビジネスに応用しやすいよう「心理をくすぐるキーワード」という形でまとめてみました。実は、これまでに紹介した言葉はすべて、これらの欲求のいずれかに対応するものです。

「生理的欲求」と「社会的欲求」

食欲や睡眠といった生存に不可欠な「生理的欲求」と、他人との関係性を意識するなかで生じる「社会的欲求」です。

社会的欲求を満たすためには前提として生きるという欲求を満たしていなければならな

いため、その意味では生理的欲求は社会的欲求の前段階に位置する、より強い欲求と捉えることもできます。

【キーワード】：「生存」「安心」「安全」「比較」「優劣」「勝ち負け」「優越感」「不公平感」「コンプレックス」「ステータス」「肩書き」「影響力」「存在認識」「重要感」……など

ビジネスを行う際は、売ることに視点を置くのではなく、お客様の「不満の解消」に視点を置くべきです。そのため、人の欲求を理解しておくことは、人の行動を観察する際、それがどのような欲求に基づくものであるかを理解しやすくするものです。つまり、心理を理解することは、ビジネスのヒントをつかみやすくなるということです。

「快楽原理からの欲求」と「生きる意義による欲求」

人間の本能には、苦痛を避け快楽を求める「快楽原理」に基づく欲求と「生きる意義」を求めそれに従おうとする欲求とがあります。

生きる意義を考え出すのは、ある程度の精神的な成熟を必要とするため、万人に受け入れられる商品は、快楽原理に基づく商品のほうが多いことになります。

【キーワード】：「嬉しい」「楽しい」「簡単」「便利」「得」「楽」「健康」「笑い」「能率」「道具」「方法」「アイデア」「使命感」「存在理由」「主義」「ライフワーク」……など

「承認の欲求」と「帰属の欲求」

他人から存在を認められたいとする欲求や、仲間や家族、集団の一員でいることを求める欲求です。愛するもののために自らを犠牲にする考えもこの分野に属するものです。

【キーワード】：「合格」「成功」「認定」「会員」「共感」「仲間」「一体感」「愛情」……など

「先天的欲求」と「後天的欲求」

先天的なプログラムともいえる本能と、生まれた後の環境や教育、記憶付けによる欲求とが存在します。そのため「本能」と「記憶」の両方を理解する必要があります。

【キーワード】:「食」「性」「男女差」「成長」「進歩」「拡大」「情報」「記憶」「教育」「思想」「志」「願望」「目標」「文化」「芸術」「趣味」「娯楽」……など

「成長に応じた欲求」と「環境に応じた欲求」

人間の心は、与えられる立場である子どもの視点から始まり、成長段階や置かれた環境に応じて、与える立場の親の視点や経営者的視点、さらには社会全体の調整を考える政治家や科学者的視点をも必要とするようになります。

また、子どもに子ども特有の心理があるように、老人には老人特有の心理が働くものです。

私はこのように「複数の視点を獲得していく過程が人間の成長である」と捉えています。成長段階や身を置く環境に応じて欲求の方向やウエイトは変化するものです。そのため、商品を提供する際は、相手に応じて当然「誘い文句」は変える必要があるのです。

【キーワード】：「子どもの欲求」「高齢者の欲求」「提供者の欲求」「投資家の欲求」「組織上の欲求」「ルール」「バランス」……など

このように普段の生活のなかで人の行動を観察し、どのような欲求に基づく行動であるかを考えることで、ビジネスについて考える思考の幅を広げることができます。

儲けのヒント **相手の「不満の拠り処」に応じてアプローチの言葉を選ぶ**

「人間らしさ」を刺激して心を振り向かせる

二足歩行を始めて以来、大脳の発達とともに人間は他の生物と異なる特徴的な能力を身につけるに至りました。大脳の発達が「時間の概念」や「言語能力の取得」、高度な「コミュニケーション能力」の発達、さらには、新しいものを生み出す「創造力」をももたらしました。

これら人間が獲得した能力への理解が「人を振り向かせる言葉」のヒントになります。

「時間の概念」がもたらした欲求

時間の概念を理解できるようになったことで、先々の「予測と対策」を考える性質が得られました。動物の通り道に罠をしかけるといった発想は、時間の流れの理解がもたらした知恵です。しかし、未来を予測する力の獲得は、同時に**「将来を心配する性質」**も生み出しました。そのため、人は不安を解消する方法や依存の対象を求めるようになったのです。

「言語能力」がもたらした欲求

言語能力の取得は「論理的思考力」の獲得でもあります。そのため、人は物事の判断をする際に**「根拠」「証拠」「理由」**といったものの存在を求めるのです。

「イマジネーションや創造力」がもたらした欲求

存在しないものを描き、現実の世の中へ送り出す能力が人間にはあります。**「空想」**や**「創造」「予測」「期待」**といったものに喜びを感じるに至ったのも、この能力の発達によるものです。また、この能力は不安の増強などマイナス方向にも働くものです。

「コミュニケーション能力」がもたらした欲求

高度なコミュニケーション能力は**「表情への関心」**や**「笑いを求める性質」**、世代を超え**「文化を残そうとする性質」**や生殖以外の目的で**「性行為を楽しむ性質」**などを生みました。面白い話に「笑う」という反応は、それまで自分になかった思考パターンを獲得できたことに対する**「自己拡大」**への喜びの感情表現だと捉えることもできます。さらに人間は、動物や自然にさえ**「愛情をもって接する性質」**をも持つようになったのです。

儲けのヒント いかにすれば人間らしい反応を引き出せるかを研究する

人の「安心したい」という気持ちに訴える

神話学者のジョセフ・キャンベルは、古今東西の神話を研究した結果、人の関心を惹きつける神話のストーリー構成には共通のパターンがあることを発見しました。

また、フランスの劇作家のポンティは、ストーリーをドラマチックに演出する根幹となる「36パターン」の存在を記し、内容は異なりますが仏教もまた、人間が意識すべき１０８つの煩悩（36の煩悩の過去、現在、未来の3倍）を挙げています。

このように人間には生きるうえで照らし合わせることのできる「人生の縮図」や「法則」「チェック項目」といったものを求める性質があるのです。これは失敗を予防し、安心しながら生きていくための指針や依存の対象を求める心理といってもよいでしょう。

読書の目的も、結局のところ、つき詰めれば「安心」にあるといえます。知識を得ることで、これまで以上に安心できる状態にしたいとの欲求が根底にあるはずだからです。

安心とは「安定」「固定」「確定」「不動」「絶対」「明確」「納得」「理由」といったものが得られた心の状態であり、人類史においては主に宗教に課せられたテーマでした。

宗教は科学的でない部分もたくさんありますが、人を安心させるための**「安心学」**と捉えれば人を「安心」や「納得」させる役割は十分に果たしてきた存在です。そのため、自分自身を含め「人を安心させ納得させる方法」について学ぶべき点は多いといえます。

儲けのヒント **人間は「依存対象」や「自己正当化の理由付け」を強烈に求める**

男女の欲求の違いを意識して言葉を選ぶ

扱う商品が男性向けか女性向けかによって、意識しなければならない方向性の違いというものがあります。男性と女性では「興味の方向の違い」や「自己像の違い」があるためです。

男性の興味は、いかに「自分を価値ある存在として認めさせるか」であるのに対し、**女性の興味は、いかに「自分を愛される価値ある存在として認めさせるか」**なのです。

【男性の興味】……いかに「価値のある存在」として認めてもらえるか
【女性の興味】……いかに「愛される価値のある存在」として認めてもらえるか

価値ある存在でありたいと願うのは男女共通の欲求ではありますが、その方向に違いがあるのです。女性のそれについて、ある人は「欲ばりな価値感」と称していました。つまり女性は「与えられるにふさわしい自分」であることを求めているという意味です。

心理学では、男女の自己像の違いに関し、**男性は「本来は大きな自分」であるとの認識のもとに行動しているとされ、女性は逆に「本来は小さな自分」であるとの認識のもとに行動している**とされています。この感覚の違いを理解することは極めて大切です。

そのため女性は、辛いときに優しい言葉をかけてくれた相手に対しては、男性が思う以上に有難い存在として意識することが多いようです。これも「愛情を与えられるにふさわしい自分」として相手が認めてくれたことへの心の反応です。

また、脳の男女差の研究によれば、**男性が商品に求めるものは「成果、スペック、理屈、モノ、征服」**であるのに対し、**女性の求めるものは「快楽、イメージ、直感、ヒト、共感」**であるとされています。これは、ドーパミンやセロトニンといった脳内ホルモンの放出量の違いからくる反応の違いでもあります。

同性のスタッフだけで広告をつくると、やはり表現において「くすぐるポイント」がずれてしまうことが多いため、異性からの意見を取り入れることが大切です。購入によって得られる価値の表現を男性と女性では変える必要があります。

女性をターゲットにした広告の場合は「欲張りなあなたの願いを叶える商品であること」「与えられるにふさわしいあなたになれること」といった受け身の姿勢からくる欲求を突く表現を検討してみましょう。また、

「○○も欲しいし○○も欲しい、しかも○○じゃなきゃいや！　そんな欲ばりなあなたへ」

といった「欲ばりなあなた」をストレートに表現する広告も女性には効果があります。

儲けのヒント　異性の感覚を考慮に入れる

本章で説明した「販売心理学」とは人の特性や心理を利用して販売方法を考えるものです。本編を通して紹介してきた言葉の表現はすべてこの人の持つ特性や心理をもとにしたものです。

あなたのビジネスにも、ぜひ販売心理学を応用した効果的な表現を取り入れてみてください。活用自在にして反復無料の経営資源、それが「言葉」の工夫なのです。

なお、気の利いた言葉を考え出すためには、読書の習慣を持つことが大切です。本選びの参考になる有益な情報源の１つに「書評ブログ」があります。フィーリングの合う書評ブログに出会えたなら、それは自身の〝情報顧問〟を得たようなものです。本書の１８５ページ以降に著者の推薦する「ビジネス書の書評ブログ」をまとめてみました。ぜひ、あなたの本選びにお役立てください。

また本書には本文の内容を有効活用していただくための「読者特典」をご用意いたしました。詳しくは１８７ページの案内をご参照ください。

【推薦本の紹介】

◎販売心理を学びたいなら

『不合理で動く人間心理を知らなければなぜアレが売れるのかはわかりませんよ』
（安田貴志著・アスカ・エフ・プロダクション）
『心理マーケティングで「付加価値」を高める技術』（山下貴史著・ぜんにち出版）
『高くても飛ぶように売れる客単価アップの法則』（村松達夫著・ダイヤモンド社）
『だから接客で客単価を上げなさい』（成田直人著・明日香出版社）
『売れた！売れた！「お客様の声」で売れました！』（秋武政道著・大和出版）
『年収が10倍になる！魔法の自己紹介』（松野恵介著・フォレスト出版）
『衝動買いしてもらう21の法則』（齋藤孝太著・クロスメディア・パブリッシング）
『ついこの店で買ってしまう理由』
（博報堂パコ・アンダーヒル研究会他編・日本経済新聞出版社）
『買物欲マーケティング』（博報堂買物研究所著・ダイヤモンド社）
『買物脳』（本間理恵子著・主婦の友社）
『女性のこころをつかむマーケティング』（ブリジット・ブレナン著・海と月社）
『「ワタシが主役」が消費を動かす』（日野佳恵子著・ダイヤモンド社）
『「高く」売れ！「長く」売れ！「共感」で売れ！』（藤村正宏著・実業之日本社）
『人の心を操作するブラックマーケティング』
（芳川充・木下裕司著・総合法令出版）
『30分で5億売った男の買ってもらう技法』
（星野卓也著・インデックス・コミュニケーションズ）
『ファスト＆スロー（上・下）』（ダニエル・カーネマン著・早川書房）

◎人間心理を学びたいなら

『本当にわかる心理学』（植木理恵著・日本実業出版社）

『痛快！心理学』（和田秀樹著・集英社インターナショナル）
『人の心を変える心理術』（多湖輝著・ごま書房）
『影響力の武器』『影響力の武器 実践編』
（ロバート・B・チャルディーニ著・誠信書房）
『ハーバード・ビジネススクールの〈人間行動学〉講義』
（P・R・ローレンス他著・ダイレクト出版）
『人を動かす』『道は開ける』（デール・カーネギー著・創元社）
『脳と言葉を上手に使う NLP の教科書』（前田忠志著・実務教育出版）
『アファメーション』（ルー・タイス著・フォレスト出版）
『頭脳の果て』（ウィン・ウェンガーほか著・きこ書房）
『思考と行動における言語』（S・I・ハヤカワ著・岩波書店）
『人生の意味の心理学』（A・アドラー著・春秋社）
『人間性の心理学』（A・H・マズロー著・産能大出版部）

ビジネス書の書評ブログ一覧
～書評家は読書のための「情報顧問」というべき有難い存在です。（感謝）～

書評ブログタイトル	書評家（敬称略）
『ビジネスブックマラソン』	土井英司
『マインドマップ的読書感想文』	Smooth
『【本ナビ】本のソムリエの一日一冊ビジネス書評』	本のソムリエ
『Webook of the Day』	松山真之助
『404 Blog Not Found』	小飼弾
『お金学』	福家金蔵
『俺と 100 冊の成功本』	聖幸
『一流への道』	讃州屋一龍
『成毛眞ブログ』	成毛眞
『書いとかないと忘れちゃうから「読書記録」』	チャンちゃん
『後悔しないための読書 ブログ版』	Tulipa
『ビジネス選書 & サマリー』	藤井孝一
『知識をチカラに』	こばやしただあき
『活かす読書』	ikadoku
『読書 1 万時間』	読書で気づいた男
『エンジニアがビジネス書を斬る！』	まるるちゃん
『ビジネス書のエッセンス（ビジネス書　書評ブログ）』	まなたけ
『本当に役に立つビジネス書』	藤巻隆
『賢者の図書館 (Under Construction)』	Master
『読書で人生武者修行（改）』	プレミアム
『ビジネス本でバージョンアップ 2.0 ！』	かっちゃん 2.0@ 名古屋
『シゴタノ！ 仕事を楽しくする研究日誌』	大橋悦夫
『読書 I/O 日記』	Mharu

『元多読書評ブロガー石井の「行動読書」学びシェアブログ』	石井聡
『理系書評！　エンジニアライターの本棚』	理系スタイリスト
『山田修の戦略ブログ』	山田修
『bookvinegar』	株式会社ブックビネガー
『「成幸本」書店』	神谷あつし
『my treasure books』	柏原豊
『バクヨミ !! part2』	わんわん
『浅沼ヒロシの書評ブログ 晴読雨読日記』	浅沼ヒロシ
『★まいにち楽読《らくどく》★　～TMstarの読書ブログ～』	『楽読課長』TMstar
『あなたの人生が勇気に満ち溢れる555冊の多読成功術』	hiro
『ほぼ日blog～通勤読書で継続力を高めよう！～』	sugiyuzu
『「継続は力なり」を実践している書評』	ゴリクン。
『たつをのChangeLog』	たつを
『情報考学 Passion For The Future』	橋本大也
『モチベーションアップとメンタルトレーニングに生かすための読書日記』	makipbook
『読んだ本のまとめ』	もり
『えいじゅなすの本棚』	えいじゅなす
『とんの読書ブログ』	とん

＊著者のホームページに
「リンク付きの最新版」を設置しております。

検索キーワード ➡「日本アイデア作家協会 書評ナビ」

無料追加情報

本書には追加情報が得られる得点がついています。

① 本書の理解を深める著者音声解説＋資料
② 120冊を超える「推薦書籍」のリンク付きデータ
③ 小規模ビジネスに役立つ情報源集（随時更新）

まずは「日本アイデア作家協会」のホームページ内**「読者コーナー」**へアクセスしてください。

追加情報が得られるページにログインする際のパスワードは下記の乱数表を使い指示いたします。

検索キー：日本アイデア作家協会
http://www.ideasakka.com/

	A	B	C	D	E	F
G	0	1	3	1	3	6
H	4	9	8	2	5	7
I	8	7	3	6	5	8
J	9	1	7	8	3	6
K	1	0	4	9	2	0
L	9	4	2	3	6	9

著者紹介

岩波貴士〈いわなみ たかし〉

1967年、千葉県生まれ。東洋大学経済学部および中央大学法学部卒業。経営コンサルタント、「日本アイデア作家協会」代表。特許調査事務所、金融・流通業に携わる中で得た、商品開発や資金繰り、マーケティングといった経営全般の知識と経験を武器に独立。2005年1月よりメールマガジン『儲けの裏知恵365』を発行。配信スタンド「まぐまぐ」内コンサルティング部門週間読者数ランキング1位の常連。本書は、ビジネスにおける「言葉」をテーマに、販売心理の視点から即効性のあるフレーズや記憶づけの理論を解説したものです。発明学会会員。日本心理カウンセラー協会正会員。

■著書

『人にはちょっと教えたくない「儲け」のネタ帳』（小社）
『人にはぜったい教えたくない「儲け」の裏知恵』（小社）
『思わず人に教えたくなる！「問題解決」のネタ帳』（小社）
『図解 稼ぐ人100人に聞いた「儲け」のネタ帳』（小社）
『お金をかけずにお金を稼ぐ【儲け】のアイデア発想術』（ぱる出版）
『お金をかけずにお金を稼ぐ【儲かる！ニッチ商売】気づきのネタ帳』（ぱる出版）

■メールマガジン

『儲けの裏知恵365～頭で儲けるアイデア事典～』

■読者特典は「日本アイデア作家協会」ホームページ「読者コーナー」から取得できます。

★検索キーワード⇒「日本アイデア作家協会」

言葉《ことば》ひとつで「儲《もう》け」は10倍《ばい》！

2013年11月10日　第1刷

著　　者　岩《いわ》波《なみ》貴《たか》士《し》

発 行 者　小澤源太郎

責任編集　株式会社　プライム涌光
電話　編集部　03(3203)2850

発 行 所　株式会社　青春出版社
東京都新宿区若松町12番1号　〒162-0056
振替番号　00190-7-98602
電話　営業部　03(3207)1916

印　刷　中央精版印刷　製　本　フォーネット社

万一、落丁、乱丁がありました節は、お取りかえします。
ISBN978-4-413-03902-4 C0030

なぜ、あなたは生まれてきたのか
この世に生きる意味と使命に気づくヒント
池川　明

いい睡眠が
あなたを10歳若くする
朝、疲れが残っていると体はどんどん老けていく
青木　晃

伸び続ける子が育つ
お母さんの習慣
高濱正伸

ムダな努力はもういらない！
人とお金をどんどん引きつける
35歳からのルール
松尾昭仁

世界のお金持ちが始めた
「日本買い」に乗る方法
菅下清廣

青春出版社の四六判シリーズ

アドラー博士が教える
10代の子には
「親の話し方」を変えなさい
星　一郎

手放して生きると
どんどん幸運がやってくる
菊山ひじり

年収200万円からの
貯めワザ生活
山口京子

お客様満足度No.1の作法
心に響く接客《マナー》の秘密
西出ひろ子

老いを嘆いちゃもったいない！
転んでもタダでは起きぬ25の福訓
岡田信子

大好評！ 岩波貴士の「儲け」シリーズ

人には ちょっと 教えたくない

「儲け」の ネタ帳

「特価品につきお一人様3個まで」だと、
どうして買いたくなるのか
——王道ネタから衝撃の裏ネタまで、
なるほど使える「アイデア事典」

ISBN978-4-413-09403-0　524円

人には ぜったい 教えたくない

「儲け」の 裏知恵

「安い方で十分ですよ」「私も使っています」
…で、思わず買っちゃう理由
…あの業界の㊙ネタから
個人でできる驚愕の裏ネタまで、
目から鱗の「アイデア事典」！

ISBN978-4-413-09454-2　590円

※上記は本体価格です。（消費税が別途加算されます）
※書名コード（ISBN）は、書店へのご注文にご利用ください。書店にない場合、電話またはFax（書名・冊数・氏名・住所・電話番号を明記）でもご注文いただけます（代金引替宅急便）。商品到着時に定価＋手数料をお支払いください。〔直販係　電話03-3203-5121　Fax03-3207-0982〕
※青春出版社のホームページでも、オンラインで書籍をお買い求めいただけます。
ぜひご利用ください。〔http://www.seishun.co.jp/〕

お願い　ページわりの関係からここでは一部の既刊本しか掲載してありません。
折り込みの出版案内もご参考にご覧ください。